Johann Gottlieb Fichte

Grundriss des Eigentümlichen der Wissenschaftslehre

in Rüksicht auf das theorische Vermögen

Johann Gottlieb Fichte

Grundriss des Eigentümlichen der Wissenschaftslehre
in Rüksicht auf das theorische Vermögen

ISBN/EAN: 9783743691889

Hergestellt in Europa, USA, Kanada, Australien, Japan

Cover: Foto ©ninafisch / pixelio.de

Weitere Bücher finden Sie auf **www.hansebooks.com**

Grundriſs

des

Eigenthümlichen

der

Wiſſenſchaftslehre

in

'Rükſicht auf das theoretiſche Vermögen

---

als

Handſchrift für ſeine Zuhörer

von

IOHANN GOTTLIEB FICHTE.

Jena und Leipzig

bei Chriſtian Ernſt Gabler.

1 7 9 5.

§. 1. Begriff der besondern theoretischen Wissenschaftslehre.

Wir sind in der Grundlage der gesammten Wissenschaftslehre zur Begründung einer theoretischen ausgegangen von dem Satze: das Ich sezt sich als bestimmt durch das Nicht-Ich. Wir haben untersucht, wie, und auf welche Weise etwas diesem Satze entsprechendes als ursprünglich im vernünftigen Wesen vorhanden gedacht werden könne. Wir haben, nach Absonderung alles unmöglichen, und widersprechenden die gesuchte einzig mögliche Weise aufgefunden. So gewiss nun jener Satz gelten soll, und so gewiss er nur auf die angezeigte Weise gelten kann, so gewiss muss dieselbe als Faktum ursprünglich in unserm Geiste vorkommen. Dieses postulirte Faktum war folgendes: auf Veranlassung eines bis jezt noch völlig unerklärbaren, und unbegreiflichen Anstofses auf die ursprüngliche Thätigkeit des Ich produciert die zwischen der ursprünglichen Richtung dieser Thätigkeit, und der durch die Reflexion entstandne — schwebende Einbildungskraft etwas aus beiden Richtungen zusammengeseztes. Da im Ich, laut seines Begriffes, nichts seyn kann, das es nicht in sich setze, so muss es auch jenes Faktum in sich setzen, d. i. es muss sich dasselbe ursprünglich erklären, vollständig bestimmen, und begründen.

A   Ein

Ein System derjenigen Thatsachen, welche in der ursprünglichen Erklärung jenes Faktum im Geiste des vernünftigen Wesens vorkommen, ist eine theoretische Wissenschaftslehre überhaupt; und jene ursprüngliche Erklärung umfaßt das theoretische Vermögen der Vernunft. — Ich sage mit Bedacht: die *ursprüngliche* Erklärung jenes Faktum. Dasselbe ist ohne unser wissentliches Zuthun in uns vorhanden; es wird ohne unser wissentliches Zuthun, blofs durch, und nach den Gesetzen und der Natur eines vernünftigen Wesens erklärt; und die verschiednen unterscheidbaren Momente im Fortgange dieser Erklärung find neue Thatsachen. Die Reflexion geht auf das ursprüngliche Faktum; und dies nenne ich denn die ursprüngliche Erklärung. — Etwas ganz anderes ist die wissentliche, und wissenschaftliche Erklärung, die wir bei'm transscendentalen Philosophiren vornehmen. In ihr geht die Reflexion eben auf jene ursprüngliche Erklärung des ersten Faktum, um dieselbe wissenschaftlich aufzustellen.

Wie das Ich im allgemeinen jenes Faktum in sich setze, haben wir schon in der Deduktion der Vorstellung überhaupt kurz angezeigt. Es war dort von der Erklärung dieses Faktum *überhaupt* die Rede, und wir abstrahierten völlig von der Erklärung irgend eines besondern unter diesen Begriff gehörigen Faktum, *als eines besondern.*

Dies kam lediglich daher, weil wir nicht in alle Momente dieser Erklärung eingingen, noch eingehen konnten. Sonst würden wir gefunden haben, dafs kein dergleichen Faktum, als Faktum überhaupt sich vollständig bestimmen lasse, dafs es nur als besonderes Fak-

Faktum völlig bestimmbar sey, und dafs es jedesmal ein
durch ein anderes Faktum der gleichen Art bestimmtes
sey, und seyn müsse. Es ist demnach gar keine vollständige theoretische Wissenschaftslehre möglich, ohne dafs es eine *besondere* sey; und unsre Darstellung derselben mufs nothwendig, wenn wir nach den Regeln
der Wissenschaftslehre konsequent zu Werke gehen,
die Darstellung einer besondern theoretischen Wissenschaftslehre werden, weil wir zu seiner Zeit nothwendig auf die Bestimmung eines Faktum dieser Art durch
ein entgegengeseztes der gleichen Art kommen müssen.

Hierüber noch einige Worte zur Erläuterung. *Kant*
geht aus von der Voraussetzung, dafs ein *Mannigfaltiges* für die mögliche Aufnahme zur Einheit des Bewustseyns gegeben sey, und er konnte, von dem Punkte
aus, auf welchen er sich gestellt hatte, von keiner andern ausgehen. Er begründete dadurch das besondre
für die theoretische Wissenschaftslehre; er wollte
nichts weiter begründen, und ging daher mit Recht
von dem besondern zum allgemeinen fort. Auf diesem
Wege nun läfst sich zwar ein kollektives Allgemeines,
ein Ganzes der bisherigen Erfahrung, als Einheit unter
den gleichen Gesetzen, erklären: nie aber ein unendliches Allgemeines, ein Fortgang der Erfahrung in die
Unendlichkeit. Von dem Endlichen aus giebt es keinen Weg in die Unendlichkeit; wohl aber giebt es umgekehrt einen von der unbestiunten, und unbestimm-
baren Unendlichkeit, durch das Vermögen des Bestim-
mens zur Endlichkeit, (und darum ist alles Endliche
Produkt des bestimmenden.) Die Wissenschaftslehre,
die das ganze System des menschlichen Geistes umfas-

sen

sen soll, muſs diesen Weg nehmen, und vom Allgemeinen zum Besondern herabsteigen. Daſs für eine mögliche Erfahrung ein *Mannigfaltiges* gegeben sey, muſs erwiesen werden; und der Beweiſs wird folgendermaassen geführt werden: das gegebene muſs *etwas* seyn, es ist aber nur insofern etwas, inwiefern es noch ein anderes giebt, daſs auch etwas, aber etwas anderes ist; und von dem Punkte an, wo dieser Beweiſs möglich seyn wird, werden wir in den Bezirk des Besondern treten.

Die *Methode* der theoretischen Wissenschaftslehre ist schon in der Grundlage beschrieben, und sie ist leicht, und einfach. Der Faden der Betrachtung wird an dem hier durchgängig als Regulativ herrschenden Grundsatze: *nichts kommt dem Ich zu, a's das, was es in sich setzt*, fortgeführt. Wir legen das oben abgeleitete Faktum zum Grunde, und sehen, wie das Ich dasselbe in sich setzen möge. Dieses Setzen ist gleichfals ein Faktum, und muſs durch das Ich gleichfals in sich gesezt werden; und so beständig fort, bis wir bei dem höchsten theoretischen Faktum ankommen; bei demjenigen, durch welches das Ich (mit Bewuſstseyn) sich sezt, als bestimmt durch das Nicht-Ich. So endet die theoretische Wissenschaftslehre mit ihrem Grundsatze, geht in sich selbst zurük, und wird demnach durch sich selbst vollkommen beschlossen.

Es könnten unter den abzuleitenden Thatsachen sich leicht charakteristische Unterschiede zeigen, die uns zu einer Eintheilung derselben, und mit ihnen der Wissenschaft, welche sie aufstellt, berechtigten. Diese Eintheilungen aber werden, der synthetischen Methor

thode gemäfs, erst da gemacht, wo sich die Einthei-
lungsgründe hervorthun.

Die Handlungen, durch welche das Ich irgend etwas in sich setzt, sind hier, weil auf dieselben reflektirt wird, Fakta, wie so eben gesagt worden; aber es
folgt daraus nicht, dafs sie das seyen, was man ge-
wöhnlich Fakta des Bewustseyns nennt, oder dafs man
sich derselben, als Thatsachen der (innern) Erfahrung
wirklich bewufst werde. Giebt es ein Bewufstseyn, so
ist dies selbst eine Thatsache, und mufs abgeleitet werden, wie alle übrige Thatsachen: und giebt es wiederum
besondere Bestimmungen dieses Bewufstseyns, so müssen auch diese sich ableiten lassen, und sind eigentliche
Fakta des Bewufstseyns.

Es erhellet daraus, theils, dafs es, wie schon mehrmals erinnert worden, der Wissenschaftslehre nicht
zum Vorwurfe gereiche, wenn etwas, das sie als Faktum aufstellet, sich in der (innern) Erfahrung nicht
vorfindet. Sie giebt dies gar nicht vor; sie erweis't
blos, dafs nothwendig gedacht werden müsse, dafs etwas einem gewissen Gedanken entsprechendes im
menschlichen Geiste vorhanden sey. Soll dasselbe nicht
in Bewufstseyn vorkommen, so giebt sie zugleich den
Grund an, warum es daselbst nicht vorkommen könne,
nemlich weil es unter die Gründe der Möglichkeit alles Bewufstseyns gehört. — Theils erhellet, dafs die
Wissenschaftslehre auch bei demjenigen, was sie wirklich als Thatsache der innern Erfahrung aufstellt, sich
dennoch nicht auf das Zeugnifs der Erfahrung, sondern auf ihre Deduktion stütze. Hat sie richtig deducirt, so wird freilich ein Faktum, gerade so beschaf-

A 3

fen , wie sie es deducirt hat, in der Erfahrung vorkommen. Kommt kein dergleichen Faktum vor, so hat sie
freilich unrichtig deducirt, und der Philosoph für seine
Person wird in diesem Falle wohl thun, wenn er zu-
rükgeht, und dem Fehler im Folgern, welchen er ir-
gendwo gemacht haben mufs, nachspürt. Aber die
Wissenschaftslehre, als Wissenschaft, fragt schlechterdings nicht nach der Erfahrung, und nimmt auf sie
schlechthin keine Rüksicht. Sie müste wahr seyn,
wenn es auch gar keine Erfahrung geben könnte (ohne
welche freilich auch keine Wissenschaftslehre in con-
creto möglich seyn würde, was aber hieher nicht gehört) und sie wäre a priori sicher, dafs alle mögliche
künftige Erfahrung sich nach den durch sie aufgestellten Gesetzen würde richten müssen.

§. 2. Erster Lehrsatz.
Das aufgezeigte Faktum wird gesezt: durch
Empfindung, oder Deduktion
der Empfindung.

I.

Der in der Grundlage beschriebene Widerstreit entgegengesezter Richtungen der Thätigkeit des Ich ist etwas im Ich unterscheidbares. Er soll, so gewifs er im
Ich ist, durch das Ich im Ich gesezt; er mufs demnach zuförderst unterschieden werden. Das Ich sezt
ihn heist zuförderst; *es setzt denselben sich entgegen.*

Es ist bis jezt, d. h. auf diesem Punkte der Reflexion, im Ich noch gar nichts gesezt; es ist nichts in
demselben; als was ihm ursprünglich zukommt, *reine*
Thä-

Thätigkeit. Das Ich sezt etwas sich entgegen, heist also hier nichts weiter, und kann hier nichts weiter heissen, als: es sezt etwas *nicht als reine Thätigkeit*. So würde demnach jener Zustand des Ich im Widerstreite gesezt, als das Gegentheil der reinen, als gemischte, sich selbst widerstrebende, und sich selbst vernichtende Thätigkeit. — Die jezt aufgezeigte Handlung des Ich ist blos antithetisch.

Wir lassen hier gänzlich ununtersucht, wie, auf welche Art und Weise, und durch welches Vermögen das Ich irgend etwas setzen möge, da in dieser ganzen Lehre die Rede lediglich von den Produkten seiner Thätigkeit ist. — Aber es wurde schon in der Grundlage erinnert, dafs, wenn der Widerstreit je im Ich gesezt werden, und aus demselben etwas weiteres folgen solle, durch das blofse *Setzen* der Widerstreit, als solcher, das Schweben der Einbildungskraft zwischen den Entgegengesezten, aufhören, dennoch aber die Spur desselben, als ein *etwas*, als ein möglicher *Stoff*, übrig bleiben müsse. Wie dies geschehen möge, sehen wir schon hier, ohngeachtet wir das Vermögen, durch welches es geschicht, noch nicht sehen. — Das Ich mufs jenen *Widerstreit* entgegengesezter Richtungen, oder, welches hier das gleiche ist, entgegengesezter Kräfte setzen; also weder die eine allein, noch die zweite allein, sondern beide; und zwar beide *im Widerstreite*, in entgegengesezter, aber völlig sich das Gleichgewicht haltender Thätigkeit. Entgegengesezte Thätigkeit aber, die sich das Gleichgewicht hält, vernichtet sich, und es bleibt nichts. Doch soll etwas bleiben, und gesezt werden: es bleibt demnach ein ru-

A 4   *hender*

bender Stoff, etwas *Kraftbabendes*, welches dieselbe we-
gen des Widerstandes nicht in Thätigkeit äussern kann,
ein *Substrat* der Kraft, wie man sich jeden Augenblik
durch ein mit sich selbst angestelltes Experiment über-
zeugen kann. Und zwar, worauf es hier eigentlich
ankommt, bleibt dieses Substrat nicht als ein *vorherge-
seztes*, sondern als *blosses Produkt der Vereinigung entgegengesezter Thätigkeiten*. Dies ist der Grund alles Stoffs,
und alles möglichen bleibenden Substrats im Ich (und
ausser dem Ich *ist* nichts) wie sich immer deutlicher ergeben wird.

II.

Das Ich aber soll jenen Widerstreit *in sich* setzen:
es muſs demnach denselben sich auch *gleich setzen*, ihn
auf sich selbst beziehen, und dazu bedarf es eines Be-
ziehungsgrundes in demselben mit dem Ich. Dem Ich
kommt, wie so eben erinnert worden, bis jezt nichts
zu, als reine Thätigkeit. Nur diese ist bis jezt auf
das Ich zu beziehen, oder demselben gleich zu setzen:
der gesuchte Beziehungsgrund könnte demnach kein
andrer seyn, denn reine Thätigkeit, und es müste im
Widerstreite selbst reine Thätigkeit des Ich angetroffen, oder richtiger, *gesezt*, synthetisch hineingetra-
gen werden.

Aber die im Widerstreite begriffene Thätigkeit des
Ich ist so eben als *nicht rein* gesezt worden. Sie muſs,
wie wir jetzo sehen, für die Möglichkeit der Beziehung auf das Ich auch als *rein* gesezt werden. Sie ist
demnach *ihr selbst entgegengesezt*. Dies ist unmöglich und
widersprechend, wenn nicht noch ein drittes gesezt
wird, worinn dieselbe ihr selbst gleich, und entgegengesezt

gesezt zugleich sey. *Es muss demnach ein solches drittes, als synthetisches Glied der Vereinigung gesezt werden.*

Ein solches drittes aber wäre *eine aller Thätigkeit des Ich überhaupt entgegengesezte Thätigkeit* (des Nicht-Ich) welche die Thätigkeit des Ich im Widerstreite völlig unterdrükte, und vernichtete, indem sie ihr das Gleichgewicht hielte. Es muss demnach, wenn die geforderte Beziehung möglich seyn, und der gegen sie sich auflehnende Widerspruch gehoben werden soll, eine solche völlig entgegengesezte *Thätigkeit* gesezt werden. Dadurch wird der aufgezeigte Widerspruch wirklich gelöst, und die geforderte Entgegensetzung der im Widerstreite begriffenen Thätigkeit des Ich mit sich selbst wird möglich. Diese Thätigkeit ist rein, und ist als rein zu setzen, wenn die entgegengesetzte Thätigkeit des Nicht-Ich, welche sie unwiderstehlich zurükdrängt, weggedacht, und von ihr abstrahirt wird; sie ist nicht rein, sondern objektiv, wenn die entgegengesezte Thätigkeit in Beziehung mit ihr gesezt wird. Sie ist demnach nur unter Bedingung rein oder nicht rein; diese Bedingung kann gesezt, oder nicht gesezt werden. So wie gesezt wird, dass dies eine Bedingung, d. i. ein solches sey, was gesezt, oder nicht gesezt werden kann; wird gesezt, dass jene Thätigkeit des Ich ihr selbst entgegengesezt werden könne.

Die jezt aufgezeigte Handlung ist *thetisch, antithetisch,* und *synthetisch* zugleich. *Thetisch,* inwiefern sie eine, schlechterdings nicht wahrzunehmende, entgegengesezte Thätigkeit ausser dem Ich sezt. (*Wie das Ich dies vermöge, davon wird erst tiefer unten die Rede seyn; hier ist nur gezeigt, dass es geschehe,* und ge-

A 5   sche-

schehen müsse.) *Antithetisch*, inwiefern sie durch Setzen, oder Nichtsetzen der Bedingung eine und eben
dieselbe Thätigkeit des Ich ihr selbst entgegensezt.
Synthetisch, inwiefern sie durch das Setzen der entgegengesezten Thätigkeit, *als* einer zufälligen Bedingung,
jene Thätigkeit als eine und eben dieselbe sezt.

III.

Und erst jezt ist die geforderte Beziehung der im
Widerstreite befindlichen Thätigkeit auf das Ich, das
Setzen derselben als eines etwas, das dem Ich zukommt,
die Zueignung derselben möglich. Sie wird, weil und
inwiefern sie sich auch als rein betrachten läfst, und
weil sie rein seyn würde, wenn jene Thätigkeit des
Nicht-Ich nicht auf sie einwirkte, und weil sie nur unter Bedingung eines völlig fremdartigen und gar nicht
im Ich liegenden, sondern demselben geradezu entgegengesezten nicht rein, sondern objectiv ist, gesezt
in das Ich. — Es ist wohl zu merken, und ja
nicht aus der Acht zu lassen, dafs diese Thätigkeit
nicht etwa blofs, inwiefern sie als rein, sondern auch inwiefern sie als objektiv gesezt ist, mithin *nach* der Synthesis, und mit alle dem, was durch die Synthesis, in ihr vereinigt ist, auf das Ich bezogen werde. Die in sie gesezte Reinheit ist blos der *Beziehungsgrund*; das *bezogne* ist sie, inwiefern sie gesezt wird, als rein, *wenn* die
entgegengesezte Thätigkeit nicht auf sie wirken würde,
aber jezt als *objectiv*, *weil* die entgegengesezte Thätigkeit wirklich auf sie wirkt *)

In

---

*) *Aenesidemus* erinnert gegen *Reinhold*, dafs nicht blofs
die Form der Vorstellung, sondern die ganze Vor-
stel-

In dieser Beziehung wird die dem Ich entgegengesezte Thätigkeit *ausgeschlossen*; die Thätigkeit des Ich
mag nun als rein, oder als objektiv betrachtet werden;
denn in beiden Rücksichten wird dieselbe als Bedingung gesezt, einmal, als eine solche, von welcher ab-
strahiert, einmal, als eine solche, auf welche reflektirt werden muſs. (Ueberhaupt *gesezt* wird sie freilich in jedem
Falle; wie und durch welches Vermögen, davon ist
hier die Rede nicht.) — Und hier liegt denn, wie sich
immer deutlicher ergeben wird, der lezte Grund, warum das Ich aus sich herausgeht, und etwas ausser sich
sezt. Hier zuerst lös't sich, daſs ich mich so ausdrücke,
etwas ab von dem Ich; welches durch weitere Bestimmung sich allmählich in ein Universum mit allen seinen Merkmalen verwandeln wird.

Die abgeleitete Beziehung heiſst *Empfindung* (gleichsam *Insichfindung*. Nur das fremdartige wird *gefunden*;
das ursprünglich im Ich gesezte ist immer da.) Die
aufgehobne vernichtete Thätigkeit des Ich, ist das *Empfundne*. Sie ist empfunden, fremdartig, inwiefern sie
unterdrückt ist, was sie ursprünglich, und durch das
Ich selbst gar nicht seyn kann. Sie ist empfunden, etwas
im Ich — inwiefern sie nur unter Bedingung einer ent-
gegen-

stellung auf das Subjekt bezogen werde. Dies ist
völlig richtig, die ganze Vorstellung ist das bezogne; aber es ist zugleich richtig, daſs nur die
Form derselben der Beziehungsgrund ist. Gerade
so ist es auch in unserm Falle. — Beziehungsgrund, und Bezognes muſs nicht verwechselt werden, und damit dies in unsrer Deduktion überhaupt nicht geschehe, müssen wir gleich vom Anfange an sorgfältig dagegen auf der Hut seyn.

gegengesezten Thätigkeit unterdrückt ist, und, wenn diese Thätigkeit wegfiele, selbst Thätigkeit, und reine Thätigkeit seyn würde. — Das *Empfindende* ist begreiflicher Weise das in der abgeleiteten Handlung *beziehende* Ich; und dasselbe *wird* begreiflicher Weise *nicht empfunden*, inwiefern es *empfindet*; und es ist demnach hier von demselben gar nicht die Rede. Ob, und wie, und durch welche bestimmte Handlungsweise dasselbe gesezt werde, muſs sogleich im folgenden §. untersucht werden, Eben so wenig ist hier die Rede von der in der Empfindung ausgeschloſsnen entgegengesezten Thätigkeit des Nicht-Ich; denn auch diese wird nicht empfunden, da sie ja zum Behuf der Möglichkeit der Empfindung überhaupt ausgeschlossen werden muſs. Wie, und durch welche bestimmte Handelsweise sie gesezt werde, wird sich in der Zukunft zeigen.

Diese Bemerkung, daſs einiges hier völlig unerklärt, und unbestimmt bleibt, darf uns nicht befremden: vielmehr dient sie selbst zur Bestätigung eines in der Grundlage aufgestellten Satzes über die synthetische Methode: daſs nemlich durch dieselbe immer nur die mittlern Glieder vereinigt würden, die äussern Enden aber, (wie hier das empfindende Ich, und die dem Ich entgegengesezte Thätigkeit des Nicht-Ich sind,) für folgende Synthesen unvereinigt blieben.

§. 3. Zweiter Lehrsatz.

Das empfindende wird gesezt durch Anschauuug oder: Deduktion der Anschauung.

Es ist im vorigen §. deducirt worden die Empfindung als eine Handlung des Ich, durch welche dasselbe etwas in sich aufgefundnes fremdartiges auf sich bezieht, sich

sich zueignet, in sich sezt. Wir lernten kennen sowohl
diese Handlung selbst, oder die *Empfindung*, als den
Gegenstand derselben, das *Empfundne*. Unbekannt blieb,
und es muste nach den Regeln der synthetischen Methode unbekannt bleiben, sowohl das *Empfindende*, das in jener Handlung thätige Ich, als auch die in der Empfindung ausgeschlofsne, und dem Ich entgegengesezte
Thätigkeit des Nicht-Ich. Es ist nach unsrer nunmeh-
rigen hinlänglichen Kenntnifs der synthetischen Methode zu erwarten, dafs unser nächstes Geschäft das seyn
wird, diese ausgefchlofsnen äussersten Enden synthetisch zu vereinigen, oder wenn auch dies noch nicht möglich seyn sollte, wenigstens ein Mittelglied zwischen
sie einzuschieben.

Wir gehen aus von folgendem Satze: Im Ich ist,
laut des vorigen, Empfindung; da nun dem Ich nichts
zukommt, als dasjenige, was dasselbe in sich sezt, so
mufs das Ich die Empfindung ursprünglich in sich setzen, es mufs sich dieselbe zueignen. — Dieses Setzen
der Empfindung ist nicht etwa schon deducirt. Wir haben im vorigen §. zwar gesehen, wie das Ich das Empfundne in sich setze, und die Handlung dieses Setzens
war eben die Empfindung; nicht aber, wie es in sich die
Empfindung selbst, oder sich, als das Empfindende setze.

I.

Es mufs zu diesem Behufe zuförderst die Thätigkeit
des Ich im Empfinden, d. i. im Zueignen des empfundnen durch Gegensetzung unterschieden werden können
von dem Zugeeigneten, oder dem Empfundnen.

Nach dem vorigen §. ist das Empfundne eine Thätigkeit des Ich, insofern sie betrachtet wird, als im
Strei-

Streite begriffen mit einer entgegengesezten ihr völlig
gleichen Kraft, durch welche sie vernichtet, und aufgehoben wird; als Nicht-Thätigkeit, die jedoch Thätigkeit seyn könnte, und würde, wenn die entgegengesezte Kraft wegfiele; demnach nach dem obigen als *ruben-
de* Thätigkeit, als Stoff, oder Substrat der Kraft.

Die dieser entgegenzusetzende Thätigkeit muſs
demnach gesezt werden, als nicht unterdrükt, noch gehemmt durch eine entgegengesezte Kraft, mithin als
wirkliche Thätigkeit, ein wirkliches Handeln.

II.

Die leztere wirkliche Thätigkeit nun soll gesezt werden in das Ich: die ihr entgegengesezte, gehemmte
und unterdrükte Thätigkeit aber muſste nach dem vorigen §. auch gesezt werden in das Ich. Dies wider-
ſpricht sich, wenn nicht beide, sowohl die wirkliche,
als die unterdrükte Thätigkeit durch synthetische Vereinigung auf einander zu beziehen ſind. Ehe wir demnach
die geforderte Beziehung der so eben aufgezeigten Thätigkeit auf das Ich vornehmen können, müssen wir
zuförderst die ihr entgegengesezte auf sie beziehen.
Ausserdem erhielten wir allerdings ein neues Faktum
in das Ich, aber wir verlören, und verdrängten dadurch
das vorige, hätten nichts gewonnen, und wären um keinen Schritt weiter gekommen.

Beides, die aufgezeigte wirkliche Thätigkeit des
Ich, und jene unterdrükte müssen auf einander bezogen
werden. Das aber ist nach den Regeln aller Synthesis
nur dadurch möglich, daſs beide vereinigt, oder, welches

ches das gleiche heifst, dafs zwischen beide ein bestimmtes drittes gesezt werde, das Thätigkeit (des Ich) und
zugleich Leiden, (unterdrükte Thätigkeit) soy.

Diefes dritte soll Thätigkeit des Ich seyn; es soll dem
nach lediglich und schlechthin durch das Ich gesezt seyn;
also ein durch die Handelsweise des Ich begründetes Handeln, mithin ein Setzen, und zwar ein bestimmtes Setzen
eines Bestimmten. Das Ich soll *Real-Grund* desselben
seyn

Es soll seyn ein Leiden des Ich, wie auch aus der
so eben davon gemachten Beschreibung hervorgeht. —
Es soll seyn ein bestimmtes begrenztes Setzen, aber
das Ich kann sich nicht selbst begrenzen, wie in der
Grundlage zur Gnüge dargethan worden. Die Begrenzung desselben müste demnach von aussen, vom Nicht-
Ich, wenn auch etwa mittelbar, herkommen. Das Nicht-
Ich soll demnach seyn *Ideal-Grund* desselben; der Grund
davon, dafs es überhaupt Quantität hat.

Es soll beides zugleich seyn; das so eben Unter-
schiedne soll sich in demselben nicht absondern lassen.
Das Faktum soll sich betrachten lassen, als auch seiner *Bestimmung* nach schlechthin gesezt durch das
Ich, und auch seinem *Seyn* nach als gesezt durch
das Nicht-Ich. Ideal- und Real-Grund sollen in ihm
innig vereinigt ; Eins und eben dasselbe seyn.

Wir wollen es vorläufig nach diesen beiden Beziehungen, die in ihm als möglich gefordert werden, betrachten, um es sogleich völlig kennen zu lernen. —
Es ist ein Handeln des Ich, und soll sich seiner ganzen Bestimmung nach betrachten lassen, als blos, und
le-

lediglich im Ich begründet. Es soll sich zugleich betrachten lassen, als Produkt eines Handeln des Nicht-Ich,
als allen seinen Beftimmungen nach im Nicht-Ich begründet. — Also soll nicht etwa die Bestimmung der
Handelsweise des Ich die des Nicht-Ich, noch soll umgekehrt die Bestimmung der Handelsweise des Nicht-Ich
die des Ich bestimmen; sondern beide sollen völlig unabhängig aus eignen Gründen, und nach eignen Gesetzen neben einander fortlaufen, und doch soll zwischen ihnen
die innigste Harmonie statt finden. Die Eine soll gerade
seyn, was die andere ift, und umgekehrt.

Bedenkt man, dafs das Ich setzend ift, dafs mithin
diese in ihm schlechthin begründet seyn sollende Thätigkeit ein Setzen seyn mufs, so sieht man sogleich,
dafs diese Handlung ein *Anschauen* seyn müsse. Das Ich
betrachtet ein Nicht-Ich, und es kommt ihm hier weiter
nichts zu, als das Betrachten. Es sezt sich in der Betrachtung, als solcher, völlig unabhängig vom Nicht-
Ich; es betrachtet aus eignem Antriebe ohne die geringste Nöthigung von aussen; es sezt durch eigne
Thätigkeit, und mit dem Bewustseyn eigner Thätigkeit ein Merkmal nach dem andern in seinem Bewustseyn. Aber es sezt dieselben als Nachbildungen eines
ausser ihm Vorhandnen. — In diesem ausser ihm Vorhandnen sollen nun die nachgebildeten Merkmale wirklich anzutreffen seyn, und zwar nicht etwa zu Folge
des Geseztseyns im Bewustseyn, sondern völlig unabhängig vom Ich, nach eignen in dem Dinge selbst be-
gründeten Gesetzen. Das Nicht-Ich bringt nicht die
Anschauung im Ich, das Ich bringt nicht die Beschaffenheit des Nicht-Ich hervor, sondern beide sollen
völlig unabhängig von einander seyn, und dennoch soll

zwi-

zwischen beyden die innigste Harmonie seyn. Wenn es möglich wäre von der einen Seite das Nicht-Ich an sich, und nicht vermittelst der Anschauung, und von der andern das anschauende an sich in der blofsen Handlung des Anschauens, und ohne Beziehung auf das angeschaute Nicht-Ich zu beobachten, so würden sie sich auf die gleiche Art bestimmt finden. — Wir werden bald sehen, dafs der menschliche Geist diesen Versuch wirklich, aber freilich nur vermittelst der Anschauung, und nach den Gesetzen derselben, doch ohne dessen sich bewufst zu seyn vornimmt; und dafs eben daher die geforderte Harmonie entspringt.

Es ist allerdings zu bewundern, dafs diejenigen, welche die Dinge an sich zu erkennen glaubten, jene leichte Bemerkung, die sich schon durch die mindeste Reflexion über das Bewufstseyn darbietet, nicht machten, und dafs sie nicht von ihr aus auf den Gedanken geriethen, nach dem Grunde der vorausgesezten Harmonie zu fragen, die doch offenbar nur vorausgesezt, nicht aber wahrgenommen wird, noch werden kann. Wir haben jezt den Grund alles Erkennens, als eines solchen deducirt; wir haben gezeigt, warum das Ich Intelligenz ist, und seyn mufs; nemlich darum, weil es einen *in ihm selbst* befindlichen Widerspruch zwischen seiner Thätigkeit, und seinem Leiden *ursprünglich* (ohne Bewufstseyn, und zum Behuf der Möglichkeit alles Bewufstseyns) vereinigen mufs. Es ist klar, dafs wir dies nicht vermocht hätten, wenn wir nicht über alles Bewufstseyn hinaus gegangen wären.

Wir machen durch folgende Bemerkung das deducirte deutlicher, werfen im voraus Licht auf das fol-

B   gende

gende, und befördern die helle Einsicht in die Methode. — Wir betrachten in unsern Deduktionen immer
nur das Produkt der angezeigten Handlung des menschlichen Geistes, nicht die Handlung selbst. In jeder
folgenden Deduktion wird die Handlung, durch welche 'das erste Produkt hervorgebracht wurde, durch
eine neue Handlung, die darauf geht, wieder Produkt.
Was in jeder vorhergehenden ohne weitere Bestimmung
als ein Handeln.des Geistes aufgestellt wird; wird in
jeder folgenden gesezt, und weiter bestimmt. Demnach mufs auch in unserm Falle die so eben synthetisch
abgeleitete Anschauung, sich schon in der vorigen
Deduktion als ein Handeln vorfinden. ;Die daselbst
aufgezeigte Handlung bestand darin, dafs das Ich seine
im Widerstreit befindliche Thätigkeit, nach hinweg-
gedachter Bedingung als thätig, mit hinzugedachter
aber als unterdrükt, und ruhend, doch aber in das Ich
sezte. Eine solche Handlung ist offenbar die abgeleitete Anschauung. Sie ist an sich, *als* Handlung ihrem
Daseyn nach, lediglich im Ich begründet, in dem Po-
stulate, dafs das Ich in sich setze, was in demselben
angetroffen werden soll, laut des vorigen §. Sie sezt
etwas in dem Ich, was schlechthin nicht durch das Ich
selbst, sondern durch das Nicht-Ich begründet seyn
soll, den geschehenen Eindruk. Sie ist, als Handlung,
völlig unabhängig von demselben, und derselbe von
ihr, und geht mit ihm parallel. — Oder dafs ich mei-
nen Gedanken, wiewohl durch ein Bild, völlig klar
mache — die ursprüngliche reine Thätigkeit des Ich
ist durch den Anstofs modificirt, und gleichsam gebildet worden, und ist insofern dem Ich gar nicht zuzu-
schreiben. Iene andere freie Thätigkeit reifst dieselbe,

be, so wie sie ist, von dem eindringenden Nicht-Ich
los, betrachtet, und durchläuft sie, und sieht, was in
ihr enthalten ist; kann aber dasselbe gar nicht für die
reine Gestalt des Ich, sondern nur für ein Bild vom
Nicht-Ich halten.

III.

Wir machen nach diesen vorläufigen Untersuchungen, und Andeutungen, die eigentliche Aufgabe uns
noch deutlicher.

Die Handlung des Ich im Empfinden soll gesezt,
und bestimmt werden, d. h. auf populäre Art ausgedrükt, wir werfen die Frage auf, wie macht es das
Ich, um zu empfinden; durch welche Handelsweise
ist ein Empfinden möglich?

Diese Frage dringt sich uns auf, denn nach dem
oben gesagten scheint das Empfinden nicht möglich.
Das Ich soll etwas fremdartiges in sich setzen; dieses
fremdartige ist Nicht-Thätigkeit, oder Leiden, und
das Ich soll selbiges durch Thätigkeit in sich setzen;
das Ich soll demnach thätig, und leidend zugleich seyn,
und nur unter Voraussetzung einer solchen Vereinigung ist die Empfindung möglich. Es muss demnach
etwas aufgezeigt werden, in welchem Thätigkeit und
Leiden so innig vereinigt sind, dafs diese bestimmte
Thätigkeit nicht ohne dieses bestimmte Leiden, und
dafs dieses bestimmte Leiden nicht ohne jene bestimmte Thätigkeit möglich sey; dafs eins nur durch das andere sich erklären lasse, und dafs jedes an sich betrachtet unvollständig sey; dafs die Thätigkeit nothwendig
auf ein Leiden, und das Leiden nothwendig auf eine
Thätigkeit treibe; — denn das ist die Natur der oben
geforderten Synthesis.

B 2

Keine

Keine Thätigkeit im Ich kann auf das Leiden sich
so beziehen, daſs sie dasselbe *hervorbrächte*, oder dasselbe als durch das Ich hervorgebracht sezte; denn dann
würde das Ich etwas in sich setzen, und vernichten
zugleich, welches sich widerspricht. (Die Thätigkeit
des Ich kann nicht auf die Materie des Leidens gehen)
Aber sie kann dasselbe bestimmen, seine Grenze zie-
hen. Und dies ist eine Thätigkeit, die ohne ein Leiden nicht möglich ist; denn das Ich kann nicht selbst
einen Theil seiner Thätigkeit aufheben, wie so eben
gesagt worden; derselbe muſs durch etwas ausser dem
Ich schon aufgehoben seyn. Das Ich kann demnach
keine Grenze setzen, wenn nicht schon von aussen ein
zu begrenzendes gegeben ist. Das *Bestimmen* also ist
eine Thätigkeit, die sich nothwendig auf ein Leiden
bezieht.

Eben so würde ein Leiden sich nothwendig auf die
Thätigkeit beziehen, und nicht möglich seyn ohne
Thätigkeit, wenn dasselbe eine blosse *Begrenzung der
Thätigkeit* wäre. Keine Thätigkeit, keine Begrenzung
derselben; mithin kein Leiden von der Art des Angeführten. (Ist keine Thätigkeit im Ich, so ist gar kein
Eindruck möglich; die Art der Einwirkung ist demnach gar nicht lediglich im Nicht-Ich, sondern zugleich im Ich begründet.)

Das gesuchte dritte Glied zum Behuf der Synthesis
ist demnach *die Begrenzung*.

Das Empfinden ist lediglich insofern möglich, inwiefern das Ich, und Nicht-Ich sich gegenseitig begrenzen, und nicht weiter, als auf dieser, beiden ge-
meinschaftlichen Grenze. (Diese Grenze ist der ei-
gent-

gentliche Vereinigunspunkt des Ich, und Nicht-Ich.
Nichts habén sie gemein, als diese, und können auch
nichts weiter gemein háben, da sie einander völlig entgegengesezt seyn sollen. Von diesem gemeinschaftli-
chen Punkte aus aber scheiden sie sich; von ihm aus
wird das Ich erst Intelligenz, indem es frei über diè
Grénze schreitet, und dadurch etwas aus sich selbst,
über sie hinüber, und auf dasjenige, was über derselben liegen soll, überträgt; oder, wenn man die Sache
von einer andern. Seito ansieht, indem es etwas, das
nur dem über derselben liegenden zukommen soll, in
sich selbst aufnimmt. Beides ist in Rüksicht der Resultate völlig gleichgültig.)

IV.

Begrenzung ist demnach das dritte Glied, durch
welches der aufgezeigte Widerspruch gehoben, und
die Empfindung, als Vereinigung einer Thätigkeit,
und eines Leidens möglich werden soll.

Zufördèrst, vermittelst der Begrenzung ist das *Em-*
pfindénde beziehbar auf das Ich, oder populärer ausgedrükt, das Empfindende ist Ich, und läfst sich setzen
als Ich, inwiefern es in der Empfindung, und durch
sie begrenzt ist. Nur inwiefern es als begrenzt gesezt
werden kann, ist das Empfindende das Ich, und das
Ich empfindend. Wäre es nicht begrenzt, (durch etwas ihm entgegengeseztes) so könnte die Empfindung
dem Ich gar nicht zugeschrieben werden.

Das Ich begrenzt sich in der Empfindung, wie wir
im vorigen §. geschen haben. Es schliefst etwas von
sich aus, als ain Fremdartiges, sezt sich demnach in

gewisse

gewisse Schranken, über welche hinaus es nicht, sondern ein demselben entgegengeseztes liegen soll. Es ist jezt, etwa für irgend eine Intelligenz ausser ihm, begrenzt.

Iezt soll die *Empfindung selbst* geseat d. h. zuförderst· in Rüksicht auf das eine so eben aufgezeigte Glied derselben, das Ausschliessen, (es wird in derselben auch bezogen, aber davon ist jezt nicht die Rede) das Ich soll *als begrenzt* gesezt werden. Es soll nicht nur für eine mögliche Intelligenz ausser ihm, sondern *für sich selbst* begrenzt seyn.

Inwiefern das Ich begrenzt *ist*, geht es nur *bis* an die Grenze. Inwiefern es sich sezt, als begrenzt, geht es nothwendig darüber hinaus; es geht auf die Grenze selbst, *als solche*, und da eine Grenze nichts ist, ohne zwei entgegengesezte, auch auf das über derselben liegende.

Das Ich, als solches, wird begrenzt gesezt, heifst zuförderst: es wird, wofern es innerhalb der Grenze liegt, *entgegengesezt*, einem insofern und durch diese bestimmte Grenze nicht begrenzten Ich. Ein solches unbegrenztes Ich mufs demnach zum Behuf des postulirten Entgegensetzens *gesezt* werden.

Das Ich ist unbegrenzt, und schlechthin unbegränzbar, inwiefern seine Thätigkeit nur von ihm abhängt, und lediglich in ihm selbst begründet ist, inwiefern sie demnach, wie wir uns immer ausgedrükt haben, *ideal* ist. Eine solche lediglich ideale Thätigkeit wird gesezt, und gesezt, als über die Begrenzung hinausgehend. (Unsere gegenwärtige Synthesis greift, wie sie soll, wieder ein in die im vorigen §. aufgestellte.

Auch

Auch dort muste durch das Empfindende die gehemmte Thätigkeit als Thätigkeit; als etwas das Thätigkeit
seyn würde, wenn der Widerstand des Nicht-Ich wegfiele, und das Ich lediglich von sich selbst abhinge, mit
hin als Thätigkeit in idealer Beziehung gesezt werden.
Hier wird dieselbe gleichfals wieder, nur mittelbar, und
nur nicht allein, sondern gemeinschaftlich mit der auch
vor dem Punkte des Anstofses liegenden Thätigkeit
(wie gleichfals nothwendig ist, wenn unsre Erörterung
weiter vorrücken, und Feld gewinnen soll) als Thätigkeit gesezt.)

Ihr wird entgegengesezt die begrenzte Thätigkeit,
die demnach, inwiefern sie begrenzt seyn soll, nicht
ideal ist, deren Reihe nicht vom Ich, sondern von dem
ihm entgegengesezten Nicht-Ich abhängt, und die wir
eine auf das *Wirkliche* gehende Thätigkeit nennen wollen.

Es ist klar, dafs dadurch die Thätigkeit des Ich,
nicht etwa, inwiefern sie gehemmt, und nicht gehemmt
ist, sondern selbst inwiefern sie in Handlung ist, ihr
selbst entgegengesezt, betrachtet werde, als gehend
auf das Ideale, oder auf das Reale. Die über den
Grenzpunkt, den wir C. nennen wollen, hinausgehende Thätigkeit des Ich ist lediglich ideal, und überhaupt nicht real, und die reale Thätigkeit geht überhaupt nicht über ihn hinaus. Die innerhalb der Begrenzung von A. bis C. liegende ist ideal, und real zugleich; das erstere insofern sie, Kraft des vorigen Setzens, als lediglich im Ich begründet, das leztere, insofern sie als begrenzt gesezt wird.

Fer-

Ferner ist klar, dafs diese ganze Unterscheidung aus dem Gegensetzen entspringe: sollte nicht reale Thätigkeit gesetzt werden, so wäre keine ideale gesezt, als ideale, denn sie wäre nicht zu unterscheiden, wäre keine ideale gesezt, so könnte auch keine reale gesezt werden. Beides steht im Verhältnisse der Wechselbestimmung, und wir haben hier, nur durch die Anwendung etwas klärer, abermals den Satz: Idealität und Realität sind synthetisch vereinigt. Kein Ideales, kein Reales, und umgekehrt.

Jezt ist leicht zu zeigen, wie geschehe, was ferner geschehen soll; dafs nemlich das entgegensezte wieder synthetisch vereinigt, und auf das Ich bezogen werde. Die zwischen A. und C. liegende Thätigkeit ist es, die auf das Ich bezogen, demselben zugeschrieben werden soll. Sie wäre als begrenzte Thätigkeit nicht beziehbar, denn das Ich ist durch sich selbst nicht begrenzt; aber sie ist auch ideale, lediglich im Ich begründete, Kraft des vorher aufgezeigten Setzens der idealen Thätigkeit überhaupt; und diese Idealität (Freiheit, Spontaneität, wie zu seiner Zeit sich zeigen wird) ist der Beziehungsgrund. Begrenzt ist sie blofs, inwiefern sie vom Nicht-Ich abhängt, welches ausgeschlossen und als etwas fremdartiges betrachtet wird. Doch wird sie — eine Anmerkung, deren Grund im vorigen §. angegeben worden, — nicht etwa blofs als ideale, sondern ausdrüklich als reale, und begrenzte Thätigkeit dem Ich zugeschrieben.

Diese bezogne Thätigkeit nun, inwiefern sie begrenzt ist, und etwas Fremdartiges von sich auschliefst (denn bis jezt ist nur davon die Rede, nicht aber, wie sie

sie

sie es auch in sich aufnimmt,) ist offenbar die oben abgeleitete Empfindung, und es ist zum Theil geschehen, was gefordert wurde.

Man wird, nach den nun sattsam bekannten Regeln des synthetischen Verfahrens nicht in Versuchung gerathen, das in der deducirten Handlung *Bezogne* mit dem *Beziehenden* zu verwechseln. Wir charakterisiren das leztere, so viel es hier möglich, und nöthig ist.

Dasselbe geht mit seiner Thätigkeit offenbar über die Grenze hinaus, und nimmt gar nicht Rücksicht auf das Nicht-Ich, sondern schliefst vielmehr dasselbe aus; diese Thätigkeit ist demnach blofs ideal. Nun ist aber das, worauf bezogen wird auch nur ideale, gerade dieselbe ideale Thätigkeit des Ich. Also sind Beziehendes, und das worauf bezogen wird, gar nicht zu unterscheiden. Das Ich, ob es gleich gesezt, und darauf etwas bezogen werden sollte, kommt dennoch in dieser Beziehung für die Reflexion gar nicht vor. Das Ich handelt; das sehen wir auf dem wissenschaftlichen Reflexionspunkte, auf welchem wir stehen, und irgend eine das Ich beobachtende Intelligenz würde es sehen; aber das Ich selbst sieht es auf dem gegenwärtigen Punkte (wohl etwa auf einem möglichen künftigen) gar nicht. Also das Ich vergifst in dem Objekte seiner Thätigkeit, sich selbst, und wir haben eine Thätigkeit, die lediglich als ein Leiden erscheint, wie wir sie suchten. Diese Handlung heifst eine *Anschauung;* eine stumme, bewufstseynlose Contemplation, die sich im Gegenstande verliert. Das *Angeschaute* ist das Ich, inwiefern es empfindet. Das *Anschauende* gleichfals das Ich, das aber über sein Anschauen nicht reflektirt, noch insofern es anschaut, darüber reflektiren kann.

B 5

Hier

Hier tritt zuerst ein iu's Bewufstseyn ein Subtrat für das Ich, jene reine. Thätigkeit, welche geseat ist, als seyend, wenn auch kein fremder Einflufs seyn sollte, welche aber gesezt wird zu Folge eines Gegensatzes, mithin durch Wechselbestimmung. Ihr *Seyn* soll unabhängig seyn von allem fremden Einflusse auf das Ich, ihr Geseztseyn aber ist von demselben abhängig.

V.

Die Empfindung ist zu setzen; das ist die Forderung in diesem §. Aber Empfindung ist nur insofern möglich, inwiefern das Empfindende auf ein Empfundnes geht, und dasselbe in das Ich sezt. Demnach mufs durch den Mittelbegriff der Begrenzung auch das Empfundne beziehbar seyn auf das Ich.

Dasselbe ist zwar schon oben in der Empfindung darauf bezogen worden. Aber hier soll die Empfindug selbst geset werden. Sie ist so eben geset worden durch eine Anschauung, in welcher aber das Empfundne ausgeschlossen wird. Offenbar ist dies nicht zureichend, sie mufs auch geset werden können, inwiefern sie dasselbe zueignet.

Diese Zueignung der Beziehung soll geschehen durch den Mittelbegriff der Begrenzung. Wenn die Begrenzung nicht geset wird, so ist die geforderte Beziehung nicht möglich; nur durch diese ist sie möglich.

Dadurch, dafs Etwas in der Empfindung ausgeschlossen und geset wird, als dasselbe begrenzend, wird dieses Etwas selbst begrenzt von dem Ich, als ein demselben nicht zukommendes: aber eben als Objekt

dieser

dieser Handlung des Begrenzens, wird es von einem höhern Gesichtspunkte aus auch wieder *in dem Ich* erblikt. Das Ich begrenzt es; es mufs daher wohl in ihm enthalten seyn.

Auf diesen höhern Gesichtspunkt nun haben wir uns hier zu stellen, um jenes Begrenzen des Ich als Handlung, wodurch das Begrenzte (das Empfundne) nothwendig in seinen Wirkungskreis kommt, zu setzen — und dadurch setzen wir denn, nach der Forderung das Empfindende — zwar nicht geradezu in das Ich, wie so eben geschehen — aber wir setzen es als Empfindendes, bestimmen seine Handelsweise, charakterisiren es, und machen es von allen Arten der Thätigkeit des Ich, die kein Empfinden sind, unterscheidbar.

Um dieses Begrenzen, durch welches das Ich sich zueignet das Empfundne, sogleich bestimmt kennen zu lernen, erinnern wir uns an das, was bei der Deduktion der Empfindung über diesen Punkt gesagt wurde. Das Empfundne wurde auf das Ich bezogen dadurch, dafs eine dem Ich entgegengesezte Thätigkeit gesezt wurde lediglich als Bedingung, d. i. als ein solches, das gesezt werden könnte, oder auch nicht gesezt. Das Setzende in jenem Setzen oder Nicht-Setzen ist, wie immer, das Ich. Mithin wurde zum Behuf jener Beziehung nicht nur dem Nicht-Ich, sondern mittelbar auch dem Ich etwas zugeschrieben, nemlich das Vermögen etwas zu setzen, oder auch nicht zu setzen. Was wohl zu merken ist, nicht etwa das Vermögen zu setzen, oder das Vermögen nicht zu setzen, sondern das Vermögen *zu setzen oder nicht zu setzen*, sollte dem Ich zugeschrieben werden; es sollte in ihm demnach das

Setzen

Setzen eines bestimmten Etwas, und das Nicht-Setzen
dieses bestimmten Etwas zugleich, und synthetisch vereinigt vorkommen; und es mafs vorkommen, und kommt
allerdings vor in allen Fällen, wo etwas als zufällige
Bedingung gesezt wird, wie sehr auch diejenigen, deren Kenntnifs der Philofophie sich nicht über eine dürf-
tige Logik hinaus erstrekt, über logische Unmöglichkeit und Unbegreiflichkeit klagen, wenn ihnen ein Begriff dieser Art, die durch die Einbildungskraft producirt werden, und daher mit Einbildungskraft angefafst
werden müssen, ohne welche es aber gar keine Logik,
und gar keine logische Möglichkeit geben würde, ir-
gendwo vorkommen.

Der Gang der Synthesis ist folgender: Es wird
empfunden. Dies ist nur unter der Bedingung möglich, dafs das Nicht-Ich als blofse zufällige Bedingung
des Empfundnen gesezt werde; wie dies Setzen geschehe, davon haben wir hier noch nicht zu reden. Dasselbe ist aber nicht möglich, wenn nicht das Ich sezt,
un nicht sezt zugleich; und im Empfinden kommt demnach nothwendig eine solche Handlung, als Mittelglied,
zwischen den angezeigten Gliedern vor. Wir haben
zu zeigen, wie das Empfinden geschehe; wir haben
demnach zu zeigen, wie ein Setzen und Nicht-Setzen
geschehe.

Die Thätigkeit in diesem Setzen und Nicht-Setzen
ist zuförderst ihrer Form nach offenbar ideale Thätigkeit. Sie geht über den Grenzpunkt hinaus, wird demnach durch ihn nicht gehemmt. Der Grund, von welchem
wir sie, und mit ihr die ganze Empfindung abgeleitet
haben,

haben, war der, dafs das Ich in sich setzen müsse, was in ihm seyn solle. Sie ist demnach lediglich im Ich, als solchem begründet. Ist sie nur das, und weiter nichts, so ist sie ein blofses Nicht-Setzen, und kein Setzen; sie ist lediglich reine Thätigkeit.

Sie soll aber auch-ein-Setzen seyn, und das ist sie allerdings darum, weil sie die Thätigkeit des Nicht-Ich, als solche, gar nicht etwa aufhebt, oder vermindert. Sie läfst dieselbe, so wie sie ist, sie sezt sie nur ausserhalb des Umkreises des Ich. — Aber hinwiederum, ein Nicht-Ich liegt nie ausserhalb des Umkreises des Ich, so gewifs es ein Nicht-Ich ist. Es ist demselben entgegengesezt, oder es ist gar nicht. Sie sezt demnach überhaupt ein Nicht-Ich, nur sezt sie es willkührlich hinaus. Das Ich ist begrenzt, denn es ist überhaupt ein Nicht-Ich durch dasselbe gesezt; aber es ist auch nicht begrenzt, denn es sezt dasselbe durch ideale Thätigkeit hinaus, so weit es will. (Setzet, C. sey der bestimmte Grenzpunkt. Die hier untersuchte Thätigkeit des Ich sezt ihn überhaupt als Grenzpunkt, aber sie läfst ihn nicht an der Stelle, die ihm das Nicht-Ich bestimmte, sondern rükt ihn weiter hinaus ins unbegrenzte. Sie sezt demnach (dem Ich) eine Grenze überhaupt, aber sie sezt ihr selbst, inwiefern sie gerade diese Thätigkeit des Ich ist, keine, denn sie sezt jene Grenze in keiner bestimmten Stelle, keine unter allen möglichen Stellen ist eine solche, von der die Grenze nicht weiter hinaus geschoben werden könnte, und müste, da auf sie eine ideale Thätigkeit geht, welche den Grund der Begrenzung in sich selbst haben würde: aber im Ich ist kein Grund, sich selbst zu begrenzen. So lange diese

diese Thätigkeit wirkt, ist für sie keine Grenze. Hörte sie jemals auf zu wirken, (es wird zu seiner Zeit sich zeigen, unter welcher Bedingung sie allerdings aufhört) so wäre immer noch dasselbe Nicht-Ich mit derselben unverringerten und unbeschränkten Thätigkeit da.) Die angezeigte Handlung des Ich ist nach allem ein *Begrenzen* durch ideale (freie, und unbeschränkte) Thätigkeit.

Wir wollten dieselbe vorläufig charakterisiren, um die aufgestellte Unbegreiflichkeit nicht lange unbegreiflich zu lassen. Nach der Regel der synthetischen Methode hätten wir sie sogleich durch Gegensetzung bestimmen sollen. Wir thun dies jezt, und machen uns dadurch vollkommen verständlich.

Dem Setzen und Nicht-Setzen ist für den Behuf der gegenwärtigen Synthesis entgegen zu setzen ein zugleich *Geseztes* und *Nicht-Geseztes*, und durch diese Gegensetzung sind beide zu bestimmen. Ein solches war schon nach der obigen Untersuchung die Thätigkeit des Nicht-Ich. Sie ist gesezt, und nicht-gesezt zugleich; d. i. insofern das Ich die Grenze hinausschiebt, schiebt es zugleich die reale Thätigkeit des Ich hinaus; es sezt dieselbe, aber idealisch, durch seine eigne Thätigkeit: denn wäre keine solche vorauszusetzende Thätigkeit des Nicht-Ich, und würde keine gesezt, so würde auch keine Grenze gesezt; aber sie wird gerade dadurch gesezt, dafs sie hinaus geschoben wird; und das Nicht-Ich trägt zugleich die Grenze hinaus, wie das Ich sie hinausträgt. In der ganzen Ausdehnung, die wir uns indessen einbilden mögen, sezt allenthalben das Ich, und das Nicht-Ich zugleich die Grenze; nur beide auf eine an-

dere

dere Art; und darin sind sie entgegengesezt, und um
ihre Gegensetzung zu bestimmen, müssen wir die Grenze ihr selbst entgegensetzen.

Sie ist eine *ideale*, oder eine *reale*. Inwiefern sie
das erstere ist, ist sie gesezt durch das Ich, inwiefern
sie das leztere ist, durch das Nicht-Ich.

Aber auch inwiefern sie ihr selbst entgegengesezt
ist, bleibt sie dennoch Eine, und eben dieselbe, und
jene entgegengesezten Bestimmungen sind ihr in synthetisch vereinigt. Sie ist reale, blofs inwiefern sie durch
das Ich gesezt ist, und demnach auch ideale ist; sie ist
ideale, sie kann durch die Thätigkeit des Ich hinausgeschoben werden, lediglich, insofern sie durch das
Nicht-Ich gesezt, und demnach reale ist.

Hierdurch wird nun die über den festen Grenzpunkt C. hinausgehende Thätigkeit des Ich selbst real,
und ideal zugleich. Sie ist real, inwiefern sie auf ein durch
etwas reales geseztes geht; sie ist ideal, inwiefern sie
aus eignem Antriebe darauf geht.

Und dadurch wird denn das Empfundne beziehbar auf das Ich. Ausgeschlossen wird, und bleibt die
Thätigkeit des Nicht-Ich; denn eben diese wird mit
der Grenze in das Unendliche, so viel wir bis jezt sehen, hinausgeschoben; aber bezichbar auf das Ich wird
ein Produkt derselben, die Begrenzung im Ich, als Bedingung seiner jezt aufgezeigten idealen Thätigkeit.

Dasjenige, worauf, als auf das Ich, in dieser Beziehung das Produkt des Nicht-Ich bezogen werden
sollte, ist die darauf gehende ideale Handlung; dasjenige

nige, welches beziehen sollte, ist dieselbe ideale Handlung; und es ist demnach zwischen dem Beziehenden (welches der synthetischen Methode nach hier ohnedem nicht gesezt werden sollte) und dem, worauf bezogen wird (welches nach derselben allerdings gesezt werden sollte) kein Unterschied. Es findet daher gar keine Beziehung auf das Ich statt; und die deducirte Handlung ist eine *Anschauung*, in welcher das Ich in dem Objekte seiner Thätigkeit sich selbst verliert. Das *Angeschaute* ist ein idealisch aufgefaßtes Produkt des Nicht-Ich, das durch die Anschauung ins unbedingte ausgedehnt wird; und hier erhalten wir demnach zuerst ein Substrat für das Nicht-Ich. Das *Anschauende* ift, wie gesagt, das Ich, welches aber nicht auf sich reflektirt.

VI.

Ehe wir an das wichtigfte Geschäft unfrer gegenwärtigen Untersuchung gehen, einige Worte zur Vorbereitung darauf, und zur Uebersicht des Ganzen.

Bei weitem ist noch nicht geschehen, was geschehen sollte. Das Empfindende ist gesezt durch Anschauung; das Empfundne ist dadurch gesezt. Aber wenn, wie gefordert worden, die *Empfindung* gesezt werden soll, so muß beides nicht abgesondert, sondern in synthetischer Vereinigung gesezt werden. Diese könnte sich nur ergeben aus noch nicht vereinigten Endpunkten. Dergleichen finden sich denn auch wirklich in der vorhergehenden Untersuchung vor, ob wir gleich nicht ausdrüklich darauf aufmerksam gemacht haben.

Wir bedurften zuförderst, um das Ich als begrenzt zu setzen, und die Grenze ihm zuzueignen, eine des

Be-

begrenzten entgegengesezte ideale, unbegrenzte, und soviel wir einsehen konnten, unbegrenzbare Thätig- keit. Soll die geforderte Beziehung möglich seyn, so muſs diese Thätigkeit, als eine solche, durch deren Gegensaz eine andere, (die begrenzte) bestimmt wer- den soll, im Ich schon vorhanden seyn. Es ist also noch die Frage zu beantworten: Wie, und durch wel- che Veranlassung kommt das Ich zu einem Handeln dieser Art? — Wir nahmen dann um das Empfundne, was ausserhalb der bestimmten Grenze liegen sollte, durch das Ich zu umfassen, und in dasselbe setzen zu können, eine Thätigkeit an, welche die Grenze hin- ausschöbe — in das Unbegrenzte, so viel wir einsehen konnten. Daſs eine solche Handlung vorkomme, ist dadurch erwiesen, dafs ausserdem die geforderte Be- ziehung nicht möglich seyn würde; aber es bleibt im- mer die Frage zu beantworten; warum soll denn auch überhaupt jene Beziehung, und mithin jene Handlung, als die Bedingung derselben, vorkommen? Gesezt, es würde in der Folge sich ergeben, dafs jene beiden Thä- tigkeiten eine und eben dieselbe wären, so würde dar- aus folgen: um sich selbst begrenzen zu können, muſs das Ich die Grenze hinausschieben, und um die Grenze hinausschieben zu können, muſs es sich selbst begren- zen, und dadurch würden denn Empfindung und An- schauung, und in der Empfindung innere Anschauung (die des Empfindenden) und äussere, (die des Empfund- nen) innigst vereinigt, und keins wäre ohne das ande- re möglich.

Ohne uns hier an die strenge Form zu binden ; die bisher befolgt, und bestimmt genug vorgezeichnet ist,

C   so

so, dafs jeder mit leichter Mühe unser Raisonnement
nach derselben prüfen kann, gehen wir zur Beförderung der Deutlichkeit in dieser wichtigen und entschei-
denden, aber verwickelten Untersuchung einen natür-
lichern Weg; suchen die aufgeworfnen und sich auf-
dringenden Fragen zu beantworten, und erwarten vom
Resultate, was alsdann weiter vorzunehmen seyn
möchte.

A.) Woher die der realen und begrenzten entgegenzusetzende ideale, und unbegrenzte Thätigkeit? oder
wenn wir auch dies hier noch nicht erfahren sollten,
lassen sich nicht noch einige Beiträge zur Charakteristik derselben liefern?

Die begrenzte Thätigkeit als solche, sollte durch
den Gegensaz mit ihr bestimmt, demnach auf dieselbe
bezogen werden. Aber was nicht gesezt ist, dem läfst
nichts sich entgegensetzen. Mithin wird für die Möglichkeit der verlangten Beziehung nicht nur die begrenzte, sondern, um was es hier eigentlich zu thun ist, auch
die unbegrenzte ideale Thätigkeit *vorausgesezt*, sie ist
Bedingung der Beziehung, diese aber — wenigstens
nicht vom gegenwärtigen Gesichtspunkte aus betrachtet — nicht umgekehrt Bedingung von jener. Soll die
Beziehung möglich seyn, so ist die ideale Thätigkeit
schon im Ich vorhanden.

Ununtersucht, woher sie entstehe, und was ihre bestimmte Veranlassung sey; ist so viel klar, dafs für sie
gar kein Grenzpunkt C. ist, dafs sie auf demselben,
und nach demselben ihre Richtung gar nicht nimmt,
sondern völlig frei, und unabhängig in das Unbegrenzte hinausgeht.

Sie

Sie soll durch den Gegensaz mit der begrenzten, als unbegrenzt ausdrüklich gesezt werden; das heifst nothwendig, da nichts begrenzt ist, was nicht eine bestimmte Grenze hat, mithin die begrenzte nothwendig als in dem bestimmten C. begrenzt gesezt werden mufs, sie soll gesezt werden, als *nicht in C.* begrenzt. (Ob sie etwa über C., hinaus in einem andern möglichen Punkte begrenzt werden möge, bleibt durch diese Gegensetzung völlig unbestimmt, und soll eben unbestimmt bleiben.)

Mithin wird in der Beziehung der bestimmte Grenzpunkt C. auf sie bezogen, er mufs demnach, da sie vor der Beziehung vorher gegeben seyn soll, wirklich in ihr liegen; sie berührt nothwendig diesen Punkt, wenn er auf sie beziehbar seyn soll, doch ohne auf ihn ursprünglich gerichtet zu seyn, gleichsam von Ohngefähr, wie es hier scheinen möchte.

Im Beziehen wird der Punkt C. in ihr gesezt, da wo er hinfällt, ohne die geringste Freiheit. Der Einfallspunkt ist bestimmt; nur das ausdrükliche Setzen desselben, *als* des Einfallspunktes ist Thätigkeit des Beziehens. Im Beziehen wird ferner jene ideale Thätigkeit gesezt, als *über diesen Punkt hinausgehend.* Dies ist abermals nicht möglich, ohne dafs derselbe allenthalben in ihr, inwiefern sie über ihn hinausgehen soll, gesezt werde, als ein solcher, über welchen sie hinaus ist. Er wird demnach ihrer ganzen Ausdehnung nach in sie übertragen; es wird allenthalben, wo auf sie reflektirt wird, ein Grenzpunkt, nur zum Versuche, und idealisch, gesezt, um dessen Entfernung von dem ersten festen und unbeweglichen Punkte zu mes-

sen

sen. Da diese Thätigkeit aber hinausgehen, immerfort
gehen; und nirgends begrenzt seyn soll, so läfst dieser zweite idealische Punkt nirgends sich festsetzen,
sondern er ist fortschwebend, und zwar so, dafs in
der ganzen Ausdehnung kein Punkt (idealisch,) sich setzen lasse, den er nicht berührt habe. So gewifs demnach jene ideale Thätigkeit, über den Grenzpunkt hinausgehen soll, so gewifs wird derselbe hinausgetragen,
in das unendliche (bis wir wieder an eine neue Grenze
kommen dürften.)

Durch welche Thätigkeit wird derselbe nun hinausgetragen? durch die vorausgesezte ideale, oder durch
die des Beziehens? Vor der Beziehung vorher durch die
ideale offenbar nicht, denn insofern ist für diese gar kein
Grenzpunkt vorhanden. Das Beziehen selbst aber sezt
jenes Hinaustragen, als Unterscheidungs - und Bezie-
hungs - Grund schon voraus. Mithin wird eben in der
Beziehung, und durch sie der Grenzpunkt, und das
Hinaustragen desselben synthetisch in sie gesezt; und
zwar gleichfalls durch ideale Thätigkeit, denn alles
Beziehen ist lediglich im Ich begründet, wie wir wissen: nur durch eine andere ideale Thätigkeit.

Wir finden hier folgende Handlungen des Ich, die
wir um der Folge Willen aufzählen. 1.) eine solche,
welche die ideale Thätigkeit zum Objekt hat, 2.) eine solche, welche die reale und begrenzte zum Objekt
hat. Beide müssen zugleich im Ich vorhanden, mithin nur Eine und eben dieselbe seyn; ob wir gleich
noch nicht einsehen, wie dies möglich seyn könne.
3) Eine solche, welche aus der realen den Grenzpunkt
in die ideale überträgt, und ihm in derselben folgt.

Durch

Durch sie wird in der idealen Thätigkeit selbst etwas unterscheidbar, inwiefern nemlich dieselbe geht bis C, und völlig rein ist; und inwiefern sie geht über C, hinaus, und also die Grenze hinaustragen soll. Diese Bemerkung wird in der Folge wichtig werden. — Wir unterlassen hier diese besondern Handlungen weiter zu charakterisiren, da eine vollständige Charakteristik derselben erst in der Folge möglich wird.

Es wird — um Verwechselungen mit dem folgenden zu verhüten, bezeichnen wir die bestimmten Thätigkeiten mit Buchstaben — es wird entgegengesezt und bezogen die ideale Thätigkeit gehend von A über C, in, das Unbegrenzte, und die reale gehend von A bis zum Grenzpunkte C.

B) Das Ich kann sich, wie wir so eben näher gesehen, nicht als begrenzt setzen, ohne zugleich über die Grenze hinauszugehen, und dieselbe von sich zu entfernen. Dennoch soll dasselbe, zugleich indem es über die Grenze geht, sich auch durch dieselbe Grenze begrenzt setzen, welches aufgestelltermaafsen sich widerspricht. Nun ist zwar gesagt worden, es sey begrenzt, und unbegrenzt in ganz entgegengesezter Rüksicht, und nach ganz entgegengesezten Arten der Thätigkeit; das erstere, inwiefern dieselbe real, das leztere, inwiefern sie ideal ist. Nun haben wir zwar diese beiden Arten der Thätigkeit einander entgegengesezt; aber durch kein anderes Merkmal, als das der Begrenztheit, oder Unbegrenztheit: und unsre Erklärung dreht sich demnach in einem Zirkel. Das Ich sezt die reale Thätigkeit, als die begrenzte, und die ideale, als die unbegrenzte; Wohl, und welche sezt sie denn als die

C 3   reale?

reale? Die begrenzte; und die unbegrenzte, als die
ideale. Können wir nicht aus diesem Zirkel herauskom-
men, und einen von der Begrenztheit völlig unabhängigen Unterscheidungsgrund für die reale und ideale
Thätigkeit aufzeigen, so ist die geforderte Unterscheidung und Beziehung unmöglich. Wir werden einen
solchen Unterscheidungsgrund finden, und unsre gegenwärtige Untersuchung geht darauf aus.

Wir wollen vorläufig den Satz aufstellen, dessen
Wahrheit sich bald bewähren wird: Das Ich kann sich
für sich überhaupt nicht setzen, ohne sich zu begrenzen,
und dem zu Folge aus sich herauszugehen.

Das Ich ist ursprünglich durch sich selbst, gesezt,
d. h. es ist, was es ist für irgend eine Intelligenz ausser ihm; sein Wesen ist in ihm selbst begründet; so
müfste es gedacht werden, *wenn* es gedacht würde. Wir
können ihm ferner, aus Gründen, die in der Grundlage des praktischen Wissens aufgestellt sind, ein Streben die Unendlichkeit *auszufüllen* sowohl, als eine Tendenz dieselbe zu *umfassen*, d. i. über sich selbst, als ein
unendliches zu reflektiren, zuschreiben. Beides kommt
ihm zu, so gewifs es ein Ich ist. (S. 263. f. d. Grundl.)
Aber aus dieser blossen Tendenz entsteht kein Handeln
des Ich, und es kann daraus keins entstehen.

Setzet, es gehe so strebend fort bis C. und in C.
werde sein Streben die Unendlichkeit zu erfüllen, gehemmt, und abgebrochen; es versteht sich, für eine
mögliche Intelligenz ausser ihm, welche dasselbe beob-
achtet, und dieses sein Streben in ihrem eignen Bewufstseyn gesezt hat. Was wird dadurch in ihm enstohen?

Das-

Dasselbe strebte zugleich über sich selbst zu reflektiren, vermochte es aber nicht, weil jedes Reflektirte begrenzt seyn muſs, das Ich aber unbegrenzt war.

In C. wird es begrenzt; demnach tritt in C. mit der Begrenzung zugleich die Reflexion des Ich auf sich selbst ein; es kehrt in sich zurük, es findet sich selbst, es fühlt *sich*, offenbar aber noch nichts ausser sich.

Diese Reflexion des Ich auf sich selbst ist, wie wir von dem Punkte aus, auf welchem wir stehen, allerdings sehen, und wie die mögliche Intelligenz ausser dem Ich gleichfalls sehen würde, eine Handlung des Ich, begründet in der nothwendigen Tendenz, und in der hinzugekommenen Bedingung. Was aber ist sie für das Ich selbst? In dieser Reflexion findet es sich zuerst: *für sich* entsteht es erst. Es kann den Grund von irgend etwas nicht in sich annehmen, ehe es selbst war. Für das Ich ist demnach jenes Selbstgefühl ein blosses Leiden; für sich *reflektirt* es nicht, sondern *wird* reflektirt durch etwas ausser sich. *Wir* sehen es handeln, aber mit Nothwendigkeit, theils, in Absicht des Handelns überhaupt nach den Gesetzen seines Wesens, theils in Absicht des bestimmten Punktes, vermöge einer Bedingung ausser ihm. Das *Ich selbst* sieht sich gar nicht handeln, sondern es ist lediglich leidend.

Das Ich *ist* jezt für sich selbst; und es ist, weil, und inwiefern es begrenzt ist. Es muſs, so gewiſs es ein Ich, und begrenzt seyn soll, sich als begrenzt setzen, d. i. es muſs ein begrenzendes sich entgegensetzen. Dies geschieht nothwendig durch eine Thätigkeit, welche über die Grenze C. hinüber geht, und das über ihr liegen sollende als ein dem strebenden Ich entgegenge-

seztes

40

seztes auffafst. Was ist dies für eine Thätigkeit, —
zuförderst für den Beobachter, und dann, was für eine
ist es für das Ich?

Sie ist lediglich im Ich begründet, der Form und
dem Inhalte nach. Das Ich *sezt* ein begrenzendes, weil
es begrenzt *ist*, und weil es alles, was in ihm seyn
soll, setzen-mufs. Es sezt dasselbe *als* ein begrenzendes, mithin als ein entgegengeseztes, und Nicht-Ich,
weil es eine *Begrenztheit* in sich erklären soll. Man
glaube daher keinen Augenblik, dafs hier dem Ich ein
Weg eröfnet werde, in das Ding an sich (d. i. ohne
Beziehung auf ein Ich) einzudringen. Das Ich ist beschränkt; von dieser Voraussetzung gehen wir aus. —
Hat diese Beschränkung an sich, d. i. ohne Beziehung
auf eine mögliche Intelligenz, einen Grund? wie ist
dieser Grund beschaffen? Wie könnte ich doch dies
wissen? wie kann ich mit Vernunft antworten, wenn
mir aufgelegt wird, von aller Vernunft zu abstrahiren?
Für das Ich, d. h. für alle Vernunft *hat fie einen Grund,*
denn für dasselbe sezt alle Begrenzung ein begrenzendes voraus; und dieser Grund liegt gleichfalls für das
Ich, *nicht* im Ich selbst, denn dann wären in demselben widersprechende Principien, und es wäre überhaupt nicht; sondern in einem entgegengesezten; und
ein solches entgegengeseztes wird als solches nach jenen
Gesetzen der Vernunft durch das Ich gesezt, und ist
sein Produkt.

(Wir argumentiren so: das Ich ist begrenzt (es mufs
nothwendig begrenzt werden, wenn es je ein Ich werden soll,) es mufs, nach den Gesetzen seines Wesens,
diese Begrenzung und den Grund derselben in ein be-
gren-

grenzendes setzen, und das leztere ist demnach sein
Produkt. — Sollte jemand mit dem transcendenten Dog-
matism sich selbst so innig verwebt haben, dafs er sich
nach allem und durch alles bis jezt gesagte von demselben noch nicht losmachen können, derselbe würde gegen uns ohngefähr folgendermaafsen argumentiren:
Ich gebe diese ganze aufgestellte Folgerungsweise des
Ich, als die Erklärungsart desselben zu; aber dadurch
entsteht im Ich blofs die Vorstellung von dem Dinge,
und diese ist allerdings sein Produkt, nicht aber das
Ding selbst; ich aber frage nicht nach der Erklärungsart, sondern nach der Sache selbst und an sich. Das
Ich soll begrenzt seyn, sagt ihr. *Diese Begrenzung an
sich betrachtet*, und von der Reflexion derselben durch
das Ich, als welche mich hier nicht angeht, völlig abstrahirt, *mufs doch einen Grund haben*, und dieser Grund
ist eben das Ding an sich. — Hierauf antworten wir
nun, dafs er gerade so erklärt, wie das Ich, auf welches wir reflektiren; dafs er selbst jenes Ich so gewifs
ist, so gewifs er nach den Gesetzen der Vernunft in
seiner Folgerung sich richtet; und dafs er blofs auf
diesen Umstand reflektiren möge, um zu sehen, dafs
er noch immer, nur ohne sein Wissen, mit uns in dem
gleichen Zirkel sich befand, in welchem wir uns mit
unserm Wissen befanden. Wenn er sich in seiner Er-
klärungsweise nicht von den Denkgesetzen seines Geistes losmachen kann, so wird er nie aus dem Umkreis
heraus kommen, den wir um ihn gezogen haben.
Macht er sich aber davon los, so werden seine Ein-
würfe uns abermals nicht gefährlich seyn. Woher sein
Beharren auf einem Dinge an sich, auch nachdem er
zugestanden, dafs in uns nur die Vorstellung davon

sey,

ſey, herkomme, werden wir hoch in diesem §. vollkommen ſehen.)

Was ist die aufgezeigte Handlung für das Ich ?
Nicht das, was für den Zuſchauer, weil für daſſelbe
nicht die Gründo da ſind, aus denen der Zuſchauer ſio
beurtheilt. Für ihn war ſie lediglich im Ich, ſowohl
der Form, als dem Inhalte nach: weil das Ich, zu Folge ſeines ihm bekannten, bloſs thätigen, und insbe-
ſondere durch Reflexion thätigen Weſens reflektiren
muſste. ' Für ſich ſelbst iſt das Ich noch gar nicht als
reflektirend, nicht einmal als thätig geſezt, ſondern
es iſt lediglich leidend, laut des obigen. Es wird demnach ſeines Haudelns ſich gar nicht bewuſst, noch
kann es ſich deſſelben bewuſst werden, ſondern das
Produkt deſſelben, wenn es ihm erſcheinen könnte,
würde ihm erſcheinen, als ohne alles ſein Zuthun vorhanden.

(Das was hier deducirt worden, im Bewuſstſeyn
urſprünglich, und gleich bei der Entſtehung deſſelben
zu bemerken, und ſich gleichſam auf der That zu er-
greifen, iſt darum unmöglich, weil bei der Reflexion
über ſeine eigne beſtimmte Handelsweiſe das Gemüth
ſchon auf einer weit höhern Stufe der Reflexion ſich
befinden muſs. Aber etwas ähnliches können wir bei
dem, was man Anknüpfung einer neuen Reihe im Bewuſstſeyn nennen möchte, etwa beim Erwachen aus
einem tiefen Schlafe, oder aus einer Ohnmacht, beſon-
ders an einem uns unbekannten Orte, wahrnehmen.
Das, womit dann unſer Bewuſstſeyn anhebt, iſt alle-
mal das Ich; wir ſuchen, und finden zunächſt uns
ſelbſt; und nun richten wir unſere Aufmerkſamkeit
auf

auf die Dinge um uns her, um durch sie uns zu orientiren, wir fragen uns: wo bin ich? wie bin ich hie-
hergekommen? was ist zulezt mit mir vorgegangen? um
die jetzige Reihe der Vorstellungen an andre abgelaufne
anzuknüpfen.)

C) Für den Beobachter ist jezt das Ich über den
Grenzpunkt C. hinausgegangen, mit der beständig fort-
dauernden Tendenz über sich zu reflektiren. Da es
nicht reflektiren kann, ohne begrenzt zu seyn, sich
selbst aber nicht zu begrenzen vermag, so ist klar, dafs
die geforderte Reflexion nicht möglich seyn werde,
wenn es nicht über C. hinaus, in dem möglichen Punkte D. abermals begrenzt wird. Da aber die Aufzeigung,
und Bestimmung dieser neuen Grenze uns zu weit, und
auf Dinge führen würde, die in den gegenwärtigen §.
nicht gehören, so müssen wir uns hier begnügen unserm vollen Rechte nach zu postuliren: wenn das her-
ausgehende ein Ich seyn soll, so mufs es sein Heraus-
gehen setzen, oder über dasselbe reflektiren; jedoch
ohne uns dadurch der Verbindlichkeit entledigen zu
wollen an seinem Orte die Bedingung der Möglichkeit
einer solchen Reflexion aufzuzeigen.

Das Ich producirte durch sein blosses Hinausgehen
als solches, (für den möglichen Beobachter) ein Nicht-
Ich ohne alles Bewufstseyn. Es reflektirt jezt auf sein
Produkt, und sezt es in dieser Reflexion als Nicht-Ich;
das leztere schlechthin und ohne alle weitere Bestimmung, und gleichfalls ohne alles Bewufstseyn, weil
über das Ich noch nicht reflektirt ist. — Wir verwei-
len bei diesen Handlungen des Ich nicht länger, weil
sie hier völlig unbegreiflich sind, und wir zu seiner
Zeit,

Zeit, nur auf dem entgegengesezten Wege,, wieder bei
denselben ankommen werden. *)

Es mufs über das Produkt dieser seiner zweiten
Handlung, ein als solches geseztes Nicht - Ich überhaupt, wieder reflektiren; gleichfalls nicht ohne eine
neue Begrenzung, die wir zu seiner Zeit aufzeigen
werden. — Das Ich ist im Gefühl leidend gesezt; das
ihm entgegengesezte Nicht- Ich mufs demnach thätig
gesezt werden.

Ueber das als thätig gesezte Nicht- Ich wird abermals reflektirt, gleichfalls unter der oben angegebnen
Bedingung; und erst jezt treten wir auf das Gebiet unfrer gegenwärtigen Untersuchung. Wir stellen uns, wie
bisher immer, und wie es in dergleichen Untersuchungen, die über den gewöhnlichen Gesichtskreis hinausgehen, und ungeübten Denkern transcendent scheinen,
sehr vortheilhaft ist, auf den Gesichtspunkt eines möglichen Beobachters, weil wir aus dem des untersuch-
ten Ich nichts sehen konnten.

Es ist durch das Ich und im Ich, (doch wie mehrmals erinnert worden, ohne Bewufstseyn) gesezt ein
thätiges Nicht-Ich. Auf dieses geht eine neue Thätigkeit des Ich, oder auch, es wird über dasselbe reflektirt. Nur über das begrenzte kann reflektirt werden;
die Thätigkeit des Nicht-Ich wird demnach nothwendig begrenzt, und zwar *als* Thätigkeit, weil und inwiefern sie *in Handlung* gesezt ist — nicht etwa dem Um-
fange ihres Wirkungskreises nach, so dafs sie z. B. nur
bis E. oder F. und nicht weiter vorrükte, wie man vor-
eiliger-

*) Wir erhalten hier beiläufig eine Uebersicht der
Punkte die wir noch zu untersuchen haben.

eiligerweise vermuthen dürfte. Woher sollten wir doch
hier einen solchen Umfang bekommen, da es noch keinen Raum giebt? Das Nicht-Ich bleibt nicht *thätig*,
sondern es wird ruhen, die Aeusserung seiner Kraft
wird gehemmt, und es bleibt ein blofses Substrat der
Kraft übrig, welches leztere zur Zeit nur gesagt wird,
um uns verständlich zu machen in der Folge aber gründ-
lich deducirt werden soll. — (Wir können von unserm
Gesichtspunkte aus annehmen, dafs die Thätigkeit des
Nicht-Ich lediglich durch die reflektirende Thätigkeit
des Ich, in und durch das Reflektiren gehemmt werde,
und wir werden zu seiner Zeit das Ich selbst auf den
Gesichtspunkt stellen, von welchem aus es das Gleiche
annimmt: da aber das Ich hier dieser Thätigkeit sich
weder unmittelbar noch mittelbar (durch Folgerung) bewufst wird, so kann dasselbe jene Hemmung auch
nicht aus ihr erklären, sondern wird dieselbe von einer
entgegengesezten Kraft eines andern dem ersten entgegengesezten Nicht-Ich ableiten, wie wir zu seiner Zeit
sehen werden).

Inwiefern das Ich reflektirt, reflektirt es nicht über
dieses Reflektiren selbst; es kann nicht zugleich auf
das Objekt handeln, und auf dieses sein Handeln handeln; es wird demnach der aufgezeigten Thätigkeit
sich nicht bewufst, sondern vergifst sich selbst gänzlich, und verliert sich im Objekte derselben; und wir
haben demnach hier wieder die oben geschilderte äussere
(die aber noch nicht *als* äussere gesezt ist) erste ursprüngliche Anschauung, aus welcher aber noch gar kein Bewufstseyn, nicht nur kein Selbstbewufstseyn, denn

das

das ergiebt sich zur Gnüge aus dem obigen, sondern
selbst kein Bewuſstseyn des Objekts entsteht.

Von dem gegenwärtigen Gesichtspunkte aus wird
vollkommen klar, was oben bei Ableitung der Empfindung über den Widerstreit entgegengesetzter Thätigkeiten des Ich und des Nicht-Ich gesagt wurde,
die sich gegenseitig vernichten sollten. Es könnte
keine Thätigkeit des Ich vernichtet worden, wenn dasselbe nicht erst aus dem, was wir uns als ihren ersten
und ursprünglichen Umfang einbilden können (das,
was in unsrer Darstellung von A. bis C. liegt) in den
Wirkungskreis des Nicht-Ich (von C. an in die Unendlichkeit hinaus) herausgegangen wäre. Es wäre
ferner kein Nicht-Ich, und keine Thätigkeit desselben, wenn nicht das Ich dieselben gesezt hätte; beide
sind sein Produkt, — Die Thätigkeit des Nicht-Ich
wird vernichtet, inwiefern *darauf* reflektirt wird, daſs
sie vorher gesezt war, und jezt durch die Reflexion
und zum Behuf ihrer Möglichkeit aufgehoben wird;
die des Ich, wenn man *darauf* reflektirt, daſs dasselbe über
sein Reflektiren, in welchem es doch allerdings thätig
ist, nicht wieder reflektirt; sondern in demselben sich
verliert, und sich selbst gleichsam zum Nicht-Ich um-
wandelt, welches leztere in der Folge sich noch mehr
bestätigen wird. — Kurz, wir stehen hier gerade auf
dem Punkte, von welchem wir im vorigen §. und bei
der ganzen besondern theoretischen Wissenschaftslehre ausgingen; bei dem Widerstreite, der im Ich für
den möglichen Beobachter seyn soll, über welchem
aber noch nicht reflekürt worden, und der daher noch
nicht für das Ich im Ich ist, daher sich auch von dem
bis-

bisherigen noch nicht das mindeste Bewuſstseyn ableiten läſst, ohngeachtet wir nun alle möglichen Bedingun-
gen desselben haben.

VII.

Das Ich ist jezt für sich selbst in Beziehung auf die
Möglichkeit einer Reflexion über sich selbst, was es
bei'm Anfange unsrer Untersuchung für einen möglichen Beobachter ausser demselben war. Der letztere
fand vor ein Ich, als Etwas, als wahrnehmbares, und
als Ich zu denkendes Wesen, ein Nicht-Ich, gleichfalls als Etwas, und einen Berührungspunkt zwischen
beiden. Dadurch allein aber entstand in ihm noch keine Vorstellung von der Begrenztheit des Ich, wenn
er nicht auf beide reflektirte. Er sollte reflektiren,
denn nur insofern war er ein Beobachter, und er hat
seitdem allen Handlungen, die aus dem Wesen des Ich
nothwendig erfolgen muſsten zugesehen.

Durch diese Handlungen ist das Ich selbst nunmehro auf den Punkt gekommen, auf welchem zu Anfange der Beobachter sich befand. Es ist in demselben, innerhalb seines *für den Beobachter* gesezten Wirkungskreises, und als Produkt des Ich selbst vorhanden ein Ich, als etwas Wahrnehmbares, (weil es begrenzt ist) ein Nicht-Ich, und ein Berührungspunkt
zwischen beiden. Das Nicht-Ich darf nur reflektiren,
um gerade das zu finden, was vorher nur der Zuschauer finden konnte.

Das Ich hat schon ursprünglich beim Anfange alles seines Handelns über sich reflektirt, und aus Nothwendigkeit reflektirt, wie wir oben gesehen haben. —

E₄

Es war in ihm die Tendenz überhaupt zu reflektiren; durch die Begrenzung kam die Bedingung der Möglichkeit des Reflektirens hinzu, es reflektirte nothwendig. Daher entstand ein Gefühl, und aus diesem alles übrige, was wir abgeleitet haben. Die Tendenz zur Reflexion geht fort in das Unendliche, sie ist daher noch immer im Ich vorhanden: und das Ich kann demnach über sein erstes Reflektiren selbst, und über alles, was daraus erfolgt ist, reflektiren, da die Bedingung der Reflexion, eine Einschränkung durch etwas, das sich als Nicht-Ich betrachten läfst, vorhanden ist.

Es muß nicht reflektiren, wie wir dies bei der erstern Reflexion annahmen, denn dasjenige, wodurch es für die jezt mögliche Reflexion bedingt ist, ist nicht unbedingt ein Nicht-Ich, sondern es läfst sich auch ansehen, als enthalten im Ich. — Das, wodurch es begrenzt ist, ist das durch dasselbe producirte Nicht-Ich. Man dürfte dagegen sagen: da es durch sein eignes Produkt begrenzt seyn soll, so soll es sich selbst begrenzen, und dies ist zu wiederholten Malen für den härtesten Widerspruch, erklärt worden, und auf die Nothwendigkeit, diesem Widerspruche auszuweichen, gründet sich das ganze bisherige Raisonnement. Aber theils ist dasselbe nicht ganz und absolut sein eignes Produkt, sondern es wurde nur unter Bedingung einer Begrenzung durch ein Nicht-Ich gesezt, theils hält es dasselbe gerade aus diesem Grunde, nicht für sein eignes Produkt, inwiefern es sich dadurch begrenzt sezt; und so wie es dasselbe für sein eignes Produkt anerkennt, sezt es sich dadurch nicht begrenzt.

Wenn aber das, was wir in das Ich gesezt haben, nur wirklich im *Ich* vorhanden seyn soll, *so* muß das-

selbe

selbe reflektiren. Wir postuliren demnach diese Reflexion, und haben das Recht sie zu postuliren. — Es
dürften vielleicht, wenn man uns einen Augenblik,
blofs um uns verständlich zu machen, einen transcendenten Gedanken erlauben will, mannigfaltige Eindrücke auf uns geschehen: wenn wir nicht darauf reflektiren, so wissen wir es nicht, und es sind daher,
im transscendentalen Sinne, gar keine Eindrücke auf
uns, als Ich, geschehen.

Die geforderte Reflexion geschieht aus den angeführten Gründen mit absoluter Spontaneität:, das Ich
reflektirt, schlechthin, weil es reflektirt. Nicht nur
die Tendenz zur Reflexion, sondern die Handlung der
Reflexion selbst ist im Ich begründet; sie ist zwar bedingt durch etwas ausser dem Ich, durch den geschehenen Eindruk; aber sie ist dadurch nicht necessitirt.

Wir können bei dieser Reflexion sehen auf zwei-
erlei; auf das dadurch *reflektirte* Ich, und auf das darin
reflektirende Ich. Unsre Untersuchung theilt sich demnach in zwei Theile, welche wohl, wie nach der synthetischen Methode zu erwarten ist, einen dritten her-
beiführen dürften.

A.) Dem Ich hat bis jezt noch nichts zugeschrieben werden können, als das Gefühl; es ist ein fühlen-
des und nichts weiter. Das reflektirte Ich ist begrenzt,
heifst demnach, es fühlt sich begrenzt, oder es ist in
ihm ein Gefühl der Begrenztheit, des Nichtkönnens,
oder des Zwanges vorhanden. Wie dies möglich sey,
wird sogleich klar werden.

Inwiefern das Ich sich begrenzt sezt, geht es hinaus über die Grenze, ist Kanon: also es sezt zugleich

D   noth-

nothwendig das Nicht-Ich, aber ohne Bewufstseyn seines Handelns. Es ist mit jenem Gefühl des Zwanges
vereinigt eine Anschauung des Nicht-Ich, aber eine
blofse Anschauung, in welcher das Ich sich selbst in dem
Angeschauten vergifst.

Beides, das angeschaute Nicht-Ich, und das ge-
fühlte und sich fühlende Ich müssen synthetisch vereinigt werden, und das geschieht vermittelst der Grenze. Das Ich fühlt sich begrenzt, und sezt das angeschaute Nicht-Ich, als dasjenige, wodurch es begrenzt
ist. — Gemeinfafslich ausgedrükt: Ich sehe etwas,
und zugleich ist in mir ein Gefühl eines Zwanges vorhanden, den ich unmittelbar nicht erklären kann. Er
soll aber erklärt werden. Ich beziehe also beides auf
einander, und sage: das, was ich sehe, ist der Grund
des gefühlten Zwanges.

Was hierbei noch einige Schwierigkeit machen
könnte, wäre folgende Frage: Wie kommt es, dafs
ich überhaupt mich gezwungen fühle: *ich* erkläre mir
das Gefühl freilich aus dem angeschauten Nicht-Ich;
aber ich kann nicht anschauen, wenn ich nicht schon
fühle. Demnach ist jenes Gefühl unabhängig von der
Auschauung zu erklären. Wie geschieht dies? Nun ist
es gerade diese Schwierigkeit die uns nöthigen wird
die jetzige Synthesis als in sich unvollständig, und unmöglich, an eine andere anzuknüpfen, die Sache um-
zukehren, und zu sagen: ich kann eben so wenig einen
Zwang fühlen, ohne anzuschauen; und demnach ist
beides synthetisch vereinigt. Eins begründet nicht das
andere, sondern beide begründen sich gegenseitig.
Jedoch aber, um diese Erörterung im voraus zu erleich-
tern,

tern, wollen wir uns sogleich hier, und wie die Sachen
stehen, auf die obige Frage einlassen. Das Ich geht ursprünglich darauf aus die Beschaffenheit der Dinge durch sich selbst zu bestimmen; es
fordert schlechthin Kausalität. Dieser Forderung, inwiefern sie auf Realität ausgeht, und demnach reale
Thätigkeit genannt werden kann, wird widerstanden,
und dadurch wird eine andere, ursprünglich im Ich begründete Tendenz über sich selbst zu reflektiren, be-
friedigt, und es entsteht zunächst eine Reflexion auf
eine als bestimmt gegebne Realität, die, inwiefern sie
schon bestimmt ist, nur durch die ideale Thätigkeit
des Ich, die des Vorstellens, Nachbildens, aufgefafst
werden kann. Wird nun beides, sowohl das auf die
Beschaffenheit des Dinges *ausgehende*, als das die ohne
Zuthun des Ich bestimmte Beschaffenheit *nachbildende*,
gesezt als Ich, als ein und eben dasselbe Ich, (und dies
geschieht durch absolute Spontaneität) so wird das reale Ich durch die angeschaute, seiner Thätigkeit, wenn
sie fortgegangen wäre, entgegengesezte Beschaffenheit
des Dinges begrenzt gesezt, und das so synthetisch
vereinigte ganze Ich fühlt sich selbst als begrenzt, oder
gezwungen. — Das Gefühl ist die ursprünglichste
Wechselwirkung des Ich mit sich selbst, ehe noch ein
Nicht-Ich — es versteht sich *im* Ich, und *für* das Ich —
vorkommt; denn zur Erklärung des Gefühls mufs es
allerdings gesezt werden. Das Ich strebt in die Unendlichkeit hinaus; das Ich reflektirt auf sich, und begrenzt sich dadurch: dies ist oben abgeleitet, und daraus möchte ein möglicher Zuschauer ein Gefühl des
Ich folgern, aber es entsteht noch kein Selbstgefühl.
Beides, das begrenzte, und das begrenzende Ich wer-

den

den durch absolute Spontaneität synthetisch vereinigt, gesezt, als dasselbe Ich: dies ist hier abgeleitet, und dadurch entsteht für das Ich ein Gefühl, ein Selbstgefühl, innige Vereinigung des Thuns, und Leidens in einem Zustande.)

B) Es soll ferner reflektirt werden auf das in jener Handlung reflektirende Ich. Auch diese Reflexion geschieht nothwendig mit absoluter Spontaneität, wird aber, wie sich erst im folgenden zeigen wird, nicht lediglich postulirt, sondern durch synthetische Nothwendigkeit, als Bedingung der Möglichkeit der vorher postulirten Reflexion herbeigeführt. Uns ist es hier weniger um sie selbst, als um ihr Objekt, inwiefern es das ist, zu thun.

Das in jener Handlung reflektirende Ich, handelte mit absoluter Spontaneität, und sein Handeln war lediglich im Ich begründet: es war ideale Thätigkeit. Es muſs demnach auf sie reflektirt werden, als eine solche, und sie muſs gesezt werden, als hinausgehend über die Grenze — ins unendliche, wenn nicht in Zukunft durch eine andere Reflexion sie begrenzt wird. Es kann aber zu Folge der Reflexions-Gesetze auf nichts reflektirt werden, ohne daſs dasselbe, sey es auch bloſs und lediglich durch die Reflexion, begrenzt werde: also jene Handlung des Reflektirens ist, so gewiſs über sie reflektirt wird, begrenzt. Es läſst sich sogleich einsehen, was bei jener Unbegrenztheit, welche bleiben muſs, diese Begrenztheit seyn werde. — Die Thätigkeit kann nicht reflektirt werden, als Thätigkeit, (seines Handelns unmittelbar wird das Ich sich nie bewuſst, wie auch ohne dies bekannt ist) sondern als Substrat,

Substrat, mithin als Produkt einer absoluten Thätigkeit des Ich.

Es ist sogleich einleuchtend, dafs das dieses Produkt setzende Ich im Setzen desselben sich selbst vergifst, dafs mithin dieses Produkt, ohne Bewufstseyn des Anschauens angeschaut wird.

Inwiefern also das Ich über die absolute Spontaneität seines Reflektirens in der ersten Handlung wieder reflektirt, wird ein unbegrenztes Produkt der Thätigkeit des Ich, als solches gesezt. — Wir werden dieses Produkt in der Folge näher kennen lernen.

Dies Produkt soll als Produkt des Ich gesezt werden; es mufs demnach nothwendig auf das Ich bezogen werden. Auf das anschauende Ich kann dasselbe nicht bezogen werden, denn dieses ist, laut des obigen, noch gar nicht gesezt. Das Ich ist noch nicht gesezt, als inwiefern es sich begrenzt fühlt, auf dieses müste es demnach bezogen werden.

Aber das Ich, das sich als begrenzt fühlt, ist demjenigen, welches durch Freiheit etwas, und etwas unbegrenztes producirt, entgegengesezt; das fühlende ist nicht frei, sondern gezwungen; und das producirende ist nicht gezwungen, sondern es producirt mit Freiheit.

So mufs es denn auch allerdings seyn, wenn Beziehung, und synthetische Vereinigung möglich, und nöthig seyn soll; wir haben demnach für die geforderte Beziehung nur den Beziehungsgrund aufzuweisen.

Dieser müste seyn Thätigkeit mit Freiheit, oder absolute Thätigkeit. Eine solche kommt nun dem be-

D 3

grenz-

grenzten Ich nicht zu; es zeigt sich demnach nicht, wie
eine Vereinigung zwischen beiden möglich sey.

Wir dürfen nur noch einen Schritt thun, um das
überraschendste, die uralten Verwirrungen endende,
und die Vernunft auf ewig in ihre Rechte einsetzende
Resultat zu finden. — Das Ich selbst soll doch das
beziehende seyn. Es geht also nothwendig, schlechthin durch sich selbst, ohne irgend einen Grund, und
wider den äussern Grund aus der Begrenzung heraus,
eignet eben dadurch das Produkt sich zn, und macht
es zu dem seinigen durch Freiheit. — Beziehungsgrund,
und beziehendes sind dasselbe.

Dieser Handlung wird das Ich sich nie bewufst,
und kann sich derselben nie bewufst werden; ihr Wesen besteht in der absoluten Spontaneität, und sobald
über diese reflektirt wird, hört sie auf Spontaneität zu
seyn. Das Ich ist nur frei, indem es handelt; so wie
es auf diese Handlung reflektirt, hört dieselbe auf frei,
und überhaupt Handlung zu seyn, und wird Produkt.

Aus der Unmöglichkeit des Bewufstseyns einer
freien Handlung entsteht der ganze Unterschied zwischen Idealität, und Realität, zwischen Vorstellung,
und Ding, wie wir bald näher sehen werden.

Die Freiheit, oder was das gleiche heifst, das
unmittelbare Handeln des Ich, als solches, ist der Vereinigungspunkt der Idealität, und Realität. Das Ich
ist frei, indem und dadurch dafs es sich frei sezt, sich
befreit: und es sezt sich frei, oder befreit sich, indem
es frei ist. Bestimmung und Seyn, sind Eins; Handelndes, und Behandeltes sind Eins; eben indem das
Ich

Ich sich zum Handeln bestimmt, handelt es in diesem
Bestimmen; und indem es handelt, bestimmt es sich.
Das Ich kann sich nicht durch Reflexion als frei
setzen, dies ist ein Widerspruch, und auf diesem Wege könnten wir nie zu der Annahme kommen, dafs wir
frei seyn; aber es eignet sich etwas zu, als Produkt
seiner eignen freien Thätigkeit, und insofern sezt es
sich wenigstens mittelbar als frei. *)

C.) Das Ich ist beschränkt, indem es sich fühlt,
und es sezt sich insofern als beschränkt, nach der erstern Synthesis. Das Ich ist frei, und es sezt sich
wenigstens mittelbar als frei, indem es etwas als Produkt seiner freien Thätigkeit sezt, nach der zweiten
Synthesis. Beide Bestimmungen des Ich, die der Be-
schränktheit im Gefühl, und die der Freiheit im Produciren sind völlig entgegengesezt. Nun könnte vielleicht in ganz verschiednen Rüksichten das Ich sich als
frei, oder als bestimmt setzen, so dafs dadurch die
Identität desselben nicht aufgehoben würde. Aber es
ist in beiden Synthesen ausdrüklich gefordert worden,

D 4 dafs

---

*) Die Beweise des gesunden Menschenverstandes
für die Freiheit sind demnach ganz richtig, und
dem Gange des menschlichen Geistes vollkommen
angemessen. — Diogenes *ging*, um vor der Hand
sich selbst — denn die verirrte Spekulation war
dadurch freilich noch nicht in ihre Grenze zurük-
gewiesen — die geläugnete Möglichkeit der Be-
wegung zu beweisen. Eben so — wollt ihr jemand die Freiheit weg vernünfteln, und gelingt
es euch wirklich durch eure Scheingründe Zweifel über die in Anspruch genommene Sache zu er-
regen, so demonstrirt er sie sich auf der Stelle
durch Realisirung eines Produkts, das er nur von
seinem eignen freien Handeln ableiten kann.

dafs es sich als beschränkt setzen solle, weil und inwiefern es sich als frei sezt, und als frei, weil, und inwiefern es sich als beschränkt sezt. Es soll demnach frei und beschränkt in einer und eben derselben Rüksicht seyn; dies widerspricht sich offenbar, und dieser Widerspruch mufs gehoben werden. — Wir gehen zuförderst noch tiefer ein in den Sinn der als entgegengesezt aufgestellten Sätze.

1) Das Ich soll sich als beschränkt setzen, weil und inwiefern es sich als frei sezt. — Das Ich *ist* frei, lediglich inwiefern es handelt; wir hätten demnach vorläufig die Frage zu beantworten: was heifst *handeln*; welches ist sein Unterscheidungsgrund vom Nichthandeln? — Alle Handlung sezt Kraft voraus; es wird absolut gehandelt, heifst; die Kraft wird lediglich durch sich selbst, und in sich selbst bestimmt, d. i. sie erhält ihre Richtung. Sie hatte demnach vorher keine Richtung, war nicht in Handlung gesezt, sondern ruhende Kraft, ein blofses Streben nach Kraftanwendung. So gewifs demnach das Ich sich absolut handelnd setzen soll, vorläufig in der Reflexion, so gewifs mufs es sich auch als nichthandelnd setzen. Bestimmung zum Handeln sezt Ruhe voraus. — Ferner, die Kraft giebt sich schlechthin eine Richtung; d. i. sie giebt sich ein Objekt, auf welches sie gehe. Die Kraft selbst giebt ihr selbst das Objekt; aber was sie sich geben soll, mufs sie, inwiefern sie es giebt, auch schon haben; es müste ihr demnach schon gegeben seyn, gegen welches Geben sie sich leidend verhalten hätte. Also Selbstbestimmung zum Handeln sezt nothwendig sogar ein Leiden voraus — und wir finden uns hier aber-

abermals in neue Schwierigkeiten verwickelt, von welchen aus aber gerade das hellste Licht über unsre ganze Untersuchung sich verbreiten wird.

2) Das Ich soll sich als frei setzen, weil, und inwiefern es sich als beschränkt setzt. — Das Ich sezt
sich begrenzt, heifst, es sezt seiner Thätigkeit eine
Grenze (nicht es producirt diese Begrenzung, sondern
es sezt sie nur als gesezt, durch eine entgegengesezte
Kraft). Das Ich mufs demnach, um beschränkt worden
zu seyn, schon gehandelt, seine Kraft mufs schon eine Richtung, und zwar eine Richtung durch Selbstbestimmung gehabt haben. Alle Begrenzung sezt freies
Handeln voraus.

Wir wenden jezt diese Grundsätze an auf den vor-
liegenden Fall.

Das Ich ist, für sich selbst noch immer gezwungen, genöthigt, begrenzt, insofern dasselbe hinausgeht über die Begrenzung, ein Nicht-Ich sezt, und
dasselbe anschaut, ohne seiner selbst in dieser Anschauung sich bewufst zu werden. Nun ist dieses Nicht-
Ich, wie wir von dem höhern Gesichtspunkte aus, auf
welchen wir uns gestellt haben, wissen, sein Produkt,
und dasselbe mufs darauf reflektiren, als auf sein Produkt. Diese Reflexion geschieht nothwendig durch absolute Selbstthätigkeit.

Das Ich, ein und eben dasselbe Ich mit einer und
eben derselben Thätigkeit kann nicht zugleich ein Nicht-
Ich produciren, und auf dasselbe, als auf sein Produkt
reflektiren. Es mufs demnach seine erstere Thätigkeit begrenzen, abbrechen, so gewifs die geforderte zweite ihm
zukommen soll, und dieses Unterbrechen seiner erstern

D 5   - Thä-

Thätigkeit geschieht gleichfals durch absolute Spontaneität; da die ganze Handlung dadurch geschieht. Unter dieser Bedingung allein ist auch absolute Spontaneität möglich. Das Ich soll durch sie sich bestimmen. Dem Ich aber kommt nichts zu, ausser Thätigkeit. Es müste demnach eine seiner Handlungen begrenzen, und abermals darum, weil ihm nichts ausser Thätigkeit zukommt, durch eine andere der ersten entgegengesezte Handlung begrenzen.

Das Ich soll ferner sein Produkt, das entgegengesezte, begrenzende Nicht-Ich setzen, als sein Produkt. Eben durch diejenige Handlung, durch welche dasselbe, wie so eben gesagt worden, sein Produciren abbricht, sezt es dasselbe als solches, erhebt es dasselbe zu einer höhern Stufe der Reflexion. Die untere, erste Region der Reflexion ist dadurch abgebrochen, und es ist uns jezt blofs um den Uebergang von der einen zur andern, um ihren Vereinigungspunkt zu thun. Aber das Ich wird, wie bekannt, seines Handelns unmittelbar sich nie bewufst; es kann demnach das geforderte nur mittelbar durch eine neue Reflexion als sein Produkt setzen.

Es mufs durch dieselbe gesezt werden, als Produkt der absoluten Freiheit, und das Kennzeichen eines solchen ist, dafs es auch anders seyn könne, und als anders seyend gesezt werden könne. Das anschauende Vermögen schwebt zwischen verschiedenen Bestimmungen, und sezt unter allen möglichen nur eine, und dadurch erhält das Produkt den eigenthümlichen Charakter des *Bildes.*

(Um

(Um uns verständlich zu machen, stellen wir als
Beispiel auf ein Objekt mit verschiednen Merkmalen,
ohnerachtet bis jezt von einem solchen noch nicht die
Rede seyn kann. — Ich bin in der ersten Anschauung,
der producirenden, verloren in ein Objekt. Ich reflektire zuförderst auf mich selbst, finde mich, und unter-
scheide von mir das Objekt. Aber noch ist in dem Objekte alles verworren, und unter einander gemischt,
und es ist weiter auch nichts, denn ein Objekt. Ich
reflektire jezt auf die einzelnen Merkmale desselben z.
B. auf seine Figur, Gröfse, Farbe, u. s. f. und setze
sie in meinem Bewufstseyn. Bei jedem einzelnen Merkmale dieser Art bin ich anfangs zweifelhaft, und schwan-
kend, lege meiner Beobachtung ein willkührliches Schema, von einer Figur, einer Gröfse, einer Farbe, die
sich denen des Objekts nähern, zum Grunde, beobachte
genauer, und bestimme nun erst mein Schema der Figur etwa zu einem Würfel, das der Gröfse etwa zu
dem einer Faust, dafs der Farbe etwa zu dem der
dunkelgrünen. Durch dieses Uebergehen von einem
unbestimmten Produkte der freien Einbildungskraft
zu der völligen Bestimmung in einem und eben demselben Akte wird das, was in meinem Bewufstseyn vorkommt, ein Bild, und wird gesezt, als ein Bild. Es
wird *mein* Produkt, weil ich es als durch absolute Selbstthätigkeit bestimmt setzen mufs.)

Inwiefern das Ich dieses Bild sezt, als Produkt
seiner Thätigkeit, sezt es demselben nothwendig etwas
entgegen, das kein Produkt derselben ist; welches
nicht mehr bestimmbar, sondern vollkommen bestimmt
ist, und ohne alles Zuthun des Ich, durch sich selbst
bestimmt ist. Dies ist das *wirkliche Ding*, nach welchem
das

das bildende Ich in Entwerfung seines Bildes sich richtet, und das ihm daher bei seinem Bilden nothwendig vorschweben muſs. Es ist das Produkt seiner ersten jezt unterbrochnen Handlung, das aber in dieser Beziehung unmöglich als solches gesezt werden kann.

Das Ich bildet nach demselben; es muſs demnach im Ich enthalten, seiner Thätigkeit zugänglich seyn: oder, es muſs zwischen dem Dinge, und dem Bilde vom Dinge, die einander entgegengesezt werden, ein Beziehungsgrund sich aufweisen lassen. Ein solcher Beziehungsgrund nun ist eine völlig bestimmte, aber bewuſstseynlose Anschauung des Dinges. Für sie, und in ihr sind alle Merkmale des Objekts vollkommen bestimmt, und insofern ist sie beziehbar auf das Ding, und das Ich ist in ihr leidend. Dennoch ist sie auch eine Handlung des Ich, und daher beziehbar auf das im Bilden handelnde Ich. Dasselbe hat Zugang zu ihr; es bestimmt nach der in ihr angetroffenen Bestimmung sein Bild: (oder, wenn man lieber will, denn beides ist gleichgeltend, es durchläuft die in ihm vorhandnen Bestimmungen mit Freiheit, zählt sie auf, und prägt sie sich ein.)

(Diese Mittelanschauung ist äusserst wichtig; wir merken daher sogleich, obschon wir wieder zu ihr zurükkommen, einiges an über sie.

Dieselbe ist hier durch eine Synthesis postulirt, als Mittelglied, das nothwendig vorhanden seyn muſs, wenn ein Bild vom Objekte möglich seyn soll. Es bleibt aber immer die Frage: woher kommt sie? — läſst sie sich, da wir hier mitten im Kreise der Handlungen des vernünftigen Geistes sind, welche alle zusammen hangen,

gen,

gen, wie die Glieder einer Kette, nicht auch noch an-
derwärts her ableiten? Und das läfst sie sich allerdings. — Das Ich producirt ursprünglich das Objekt.
Es wird in diesem Produciren, zum Behuf einer Reflexion über das Produkt unterbrochen. Was geschieht
durch diese Unterbrechung mit der unterbrochnen Handlung. Wird sie gänzlich vernichtet, und ausgetilgt?
Das kann nicht seyn; denn dann würde durch die Unterbrechung der ganze Faden des Bewufstseyns abgeris-
sen, und es liesse sich nie ein Bewufstseyn deduciren.
Ferner wurde ia ausdrüklich gefordert, dafs über das
Produkt derselben reflektirt werden sollte, und das wäre abermals nicht möglich, wenn sie gänzlich aufgehoben wäre, Handlung aber bleibt sie unmöglich, denn
dasjenige, worauf ein Handeln geht, ist insofern nicht
Handlung. Aber ihr Produkt, das Objekt mufs bleiben,
und die unterbrechende Handlung geht demnach auf
das Objekt und macht es gerade dadurch zu *Etwas*, zu
einem festgesezten, und fixirten, dafs sie darauf geht,
und das erste Handeln unterbricht.

Ferner, diese Handlung des Unterbrechens selbst,
die wir jezt als gerichtet auf das Objekt kennen, dau-
ert sie als Handlung fort, oder nicht?

Das Ich unterbrach selbstthätig sein Produciren,
um auf das Produkt zu reflektiren, also um eine neue
Handlung an die Stelle der erstern zu setzen, und ins-
besondre, da wo wir jezt stehen, dieses Produkt zu setzen, *als das seinige.* Das Ich kann nicht zugleich in verschiednen Beziehungen handeln; also jene auf das Objekt gerichtete Handlung ist, inwiefern gebildet wird,
selbst abgebrochen; sie ist blofs als Produkt vorhanden,
                                                    d. h.

d. h. nach allem, sie ist eine unmittelbare auf das Objekt gerichtete Anschauung, und als solche gesezt —
also es ist gerade diejenige Anschauung, die wir so
eben als Mittelglied aufgestellt haben, und die auch
von einer andern Seite als solches sich zeigt.

Diese Anschauung ist ohne Bewuſstseyn, gerade
aus dem gleichen Grunde, aus welchem sie vorhanden
ist, weil das Ich nicht doppelt handeln, mithin nicht
auf zwei Gegenstände zugleich reflektiren kann. Es
wird im gegenwärtigen Zusammenhange betrachtet, als
setzend sein Produkt, *als* solches, oder als bildend; es
kann sich demnach nicht zugleich setzen, als unmittelbar das Ding anschauend.

Diese Anschauung ist der Grund aller Harmonie,
den wir zwischen unsern Vorstellungen, und den Dingen annehmen. Wir entwerfen unsrer eigen Aussage
nach durch Spontaneität ein Bild, und es läſst sich gar
wohl erklären, und rechtfertigen, wie wir dasselbe als
unser Produkt ansehen, und es in uns setzen können.
Nun aber soll diesem Bilde etwas ausser uns liegendes,
durch das Bild gar nicht hervorgebrachtes, noch bestimmtes, sondern unabhängig von demselben nach seinen eignen Gesetzen existirendes entsprechen; und da
läſst sich denn gar nicht einsehen, nicht nur mit welchem Rechte wir so etwas behaupten, sondern sogar
nicht, wie wir auch nur auf eine solche Behauptung
kommen mögen, wenn wir nicht zugleich eine unmittelbare Anschauung von dem Dinge haben. Überzeu-
gen wir uns nur einmal von der Nothwendigkeit einer
solchen unmittelbaren Anschauung, so werden wir auch
die Ueberzeugung, daſs demnach das Ding in uns selbst
liegen

liegen müsse, da wir auf nichts unmittelbar handeln
können, als auf uns selbst, nicht lange zurükhalten
können.)

Im Bilden ist das Ich völlig frei, wie wir so eben
gesehen haben. Das Bild ist auf eine gewisse Art bestimmt, weil das Ich dasselbe so und nicht anders, welches es in dieser Rüksicht allerdings auch könnte, bestimmt; und durch diese Freiheit im Bestimmen wird
das Bild beziehbar auf das Ich, und läfst sich setzen in
dasselbe, und als sein Produkt.

Aber dieses Bild soll nicht leer seyn, sondern es
soll demselben ein Ding ausser dem Ich entsprechen:
es mufs demnach auch dieses Ding bezogen werden.
Wie das Ding dem Ich für die Möglichkeit dieser Beziehung zugänglich werde, nemlich durch eine vorauszusetzende unmittelbare Anschauung des Dinges, ist
so eben gesagt worden. Insofern nun das Bild bezogen
wird auf das Ding ist es völlig bestimmt, es mufs gerade so seyn, und darf nicht andets seyn; denn das
Ding ist vollkommen bestimmt, und das Bild soll demselben entsprechen. Die vollkomne Bestimmung ist der
Beziehungsgrund zwischen dem Bilde und dem Dinge,
und das Bild ist jezt von der unmittelbaren Anschauung des Dinges nicht im geringsten verschieden.

Dadurch wird dem vorhergehenden offenbar wi-
dersprochen; denn was nothwendig so seyn mufs, wie
es ist, und gar nicht anders seyn kann, ist kein Produkt des Ich, und läfst sich in dasselbe gar nicht se-
zen, oder darauf beziehen (Unmittelbar seiner Freiheit
im Bilden wird das Ich ohnedies sich nicht bewufst,
wie mehrmals erinnert worden; dafs es aber, inwiefern

es

es das Bild auch mit andern möglichen Bestimmungen sezt, dasselbe als sein Produkt sezt, ist gezeigt, und ist durch keine folgende Operation der Vernunft umzustofsen. Wenn es aber gleich darauf, eben dieses Bild auf das Ding bezieht, so sezt es dasselbe dann nicht mehr als sein Produkt, der vorige Zustand des Ich ist vorüber, und es giebt zwischen ihm, und dem gegenwärtigen keinen Zusammenhang, als etwa den, den ein möglicher Zuschauer dadurch dafs er das in beiden Zuständen handelnde Ich als Ein und Ebendasselbe denkt, hineinsezt. Iezt ist nur Ding was vorher nur Bild war. Nun mufs es allerdings dem Ich ein leichtes seyn, sich wieder auf die vorige Stuffe der Reflexion zurükzuversetzen, aber dadurch entsteht abermals kein Zusammenhang, und jezt ist wieder nur Bild, was vorher nur Ding war. Wenn der vernünftige Geist nicht hierbei nach einem Gesetze verführe, das wir eben hier aufzusuchen haben, so würde daraus ein fortdauernder Zweifel entstehen, ob es nur Dinge, und keine Vorstellungen von ihnen, oder ob es nur Vorstellungen, und keine ihnen entsprechende Dinge gäbe, und jezt würden wir das in uns vorhandne für ein blosses Produkt unsrer Einbildungskraft, jezt für ein ohne alles unser Zuthun uns afficirende Ding halten. Diese schwankende Ungewifsheit ensteht denn auch wirklich, wenn man einen solcher Untersuchungen ungewohnten nöthigt, uns zu gestehen, dafs die Vorstellung von dem Dinge doch nur in ihm anzutreffen seyn könne. Er getheht es jezt zu; und sagt gleich darauf; es ist aber doch ausser mir, und findet vielleicht gleich darauf abermals dafs es in ihm sey, bis er wieder nach aussen getrieben wird. Er kann sich aus dieser Schwierigkeit

nicht

nicht heraushelfen, denn ob er gleich von jeher in allem feinen theoretifchen Verfahren die Gefetze der Vernunft befolgt hat, fo kennt er fie doch nicht wiffenfchaftlich, und kann fich nicht Rechenfchaft über fie ablegen.)

Die Idee des aufzufuchenden Gefetzes wäre folgendes: Es müfte ein Bild gar nicht möglich feyn, ohne ein Ding; und ein Ding müfte wenigftens in der Rückficht, in welcher hier davon die Rede feyn kann, d. i. für das Ich, nicht möglich feyn, ohne ein Bild. So würden beide, das Bild und das Ding in fynthetifcher Verbindung ftehen, und eins würde nicht gefezt werden können, ohne dafs auch das andre gefezt würde.

Das Ich foll das Bild beziehen auf das Ding. Es ift zu zeigen, dafs diefe Beziehung nicht möglich fey, ohne Vorausfetzung des Bildes, als eines folchen, d. i. als eines freien Produkts des Ich. Wird durch die geforderte Beziehung das Ding überhaupt erft möglich, fo wird durch Erhärtung der leztern Behauptung bewiefen, dafs das Ding nicht möglich fey, ohne das Bild. — Umgekehrt, das Ich foll mit Freiheit das Bild entwerfen. Es müfte gezeigt werden, dafs dies nicht möglich fey, ohne Vorausfetzung des Dinges; und es wäre dadurch dargethan, dafs kein Bild möglich fey, ohne ein Ding (es verfteht fich, ein Ding für das Ich.)

Wir reden zuförderft von der Beziehung des, es verfteht fich, vollkommen beftimmten Bildes auf das Ding. Sie gefchieht durch das Ich; aber diefe Handlung deffelben kommt nicht unmittelbar zum Bewuft-

E   feyn;

feyn; und es läfst daher fich nicht wohl einfehen, wie das Bild vom Dinge unterfchieden werden möge. Das Ich mùfte demnach wenigftens mittelbar im Bewuftfeyn vorkommen, und fo würde eine Unterfcheidung des Bildes vom Dinge möglich werden.

Das Ich kommt mittelbar im Bewuftfeyn vor — heifst: das Objekt feiner Thätigkeit (Produkt derfelben, nur ohne Bewuftfeyn) wird gefezt als Produkt durch Freiheit, als anders feyn könnend, als zufällig.

Auf diefe Art wird das Ding gefezt, inwiefern das vollkommen beftimmte Bild darauf bezogen wird. Es ift da ein vollkommen beftimmtes Bild, d. i. eine Eigenfchaft, z. B. die rothe Farbe. Es mufs ferner, wenn die geforderte Beziehung möglich feyn foll, da feyn ein Ding. Beide follen fynthetifch vereinigt werden durch eine abfolute Handlung des Ich; das leztere foll durch die erftere beftimmt werden. Mithin mufs es vor der Handlung, und unabhängig von ihr dadurch nicht beftimmt feyn; es mufs gefezt feyn, als ein folches, dem diefe Eigenfchaft zukommen kann, oder auch nicht; und lediglich dadurch, dafs ein Handeln gefezt wird, wird die Zufälligkeit der Befchaffenheit des Dinges für das Ich gefezt. Das feiner Befchaffenheit nach zufällige Ding aber entdekt fich eben dadurch als ein vorausgefetztes Produkt des Ich, dem nichts zukommt, als das Seyn. Die freie Handlung, und die Nothwendigkeit, dafs eine folche freie Handlung vorkomme, ift der einzige Grund des Ueberganges vom unbeftimmten zum beftimmten, und umgekehrt.

(Wir

(Wir fuchen diefen wichtigen Punkt noch etwas
deutlicher zu machen. — In dem Urtheile: A ift roth,
kommt vor zuförderft A. Dies ift gefezt; inwiefern es
A. feyn foll, gilt von ihm der Satz:A — A; es ift, als
A, durch fich felbft vollkommen beftimmt; etwa feiner Figur, feiner Gröfse, feiner Stelle im Raume nach
u. f. f. wie man es fich in dem gegenwärtigen Falle
denken kann; ohngeachtet, wie wohl zu merken ift,
dem Dinge von welchem wir oben redeten, da es noch
gänzlich unbeftimmt feyn foll, gar nichts zukommt,
als das, dafs es ein Ding ift, d. h. dafs es *ift*. —
Dann kommt in Urtheile vor *roth*. Dies ift gleichfalls
vollkommen beftimmt, d. h. es ift gefezt, als ausfchliefsend alle übrigen Farben, als nicht gelb, nicht-blau
u. f. w. [gerade wie oben, und wir haben daher hier
ein Beifpiel, was durch die vollkommne Beftimmung
der Eigenfchaft, oder wie wir es auch genannt haben,
des Bildes gemeint werde.] Wie ift nun in Rükficht der
rothen Farbe A. vor dem Urtheile? Offenbar unbeftimmt.
Es können ihm alle Farben, und darunter auch die
rothe zukommen. Erft durch das Urtheil, d. i. durch
die fynthetifche Handlung des Urtheilenden vermittelft der Einbildungskraft, welche Handlung durch
die Copula *ift* ausgedrückt wird, wird das unbeftimmte beftimmt; es werden ihm alle mögliche Farben, die ihm zukommen konnten, die gelbe, blaue,
u. f. w. durch Uebertragung des Prädikats nicht-gelb
nicht-blau, u. f. w. = roth, abgefprochen. — A
ift unbeftimmt, fo gewifs geurtheilt wird. Wäre es
fchon beftimmt, fo würde gar kein Urtheil gefällt, es
würde nicht gehandelt.)

E 2 Ur-

Wir haben als Refultat unfrer Unterfuchung den
Satz: *Wenn die Realität des Dinges,* (*als Substanz*) *vorausgefezt wird, wird die Befchaffenheit deffelben gefezt,
als zufällig, mithin mittelbar als Produkt des Ich;* und
wir haben demnach hier die Befchaffenheit im Dinge,
woran wir das Ich anknüpfen können.

Zur Beförderung der Ueberficht zeichnen wir das
fyftematifche Schema vor, wornach wir uns in der endlichen Auflöfung unfrer Frage zu richten haben, und
deffen Gültigkeit in der Grundlage, bei Erörterung des
Begriffs der Wechfelwirkung erwiefen worden. — Das
Ich fezt fich felbft als Totalität, oder es beftimmt fich;
dies ift nur unter der Bedingung möglich, dafs es etwas von fich ausfchliefse, wodurch es begrenzt wird.
Ift A Totalität, fo wird B ausgefchloffen. — Nun
aber ift B, fo gewifs es ausgefchloffen wird, auch gefezt; es foll durch das Ich, welches blofs unter diefer
Bedingung A. als Totalität fetzen kann, gefezt feyn,
das Ich mufs demnach auch über daffelbe als gefezt reflektiren. Nunmehro aber ift A. nicht mehr Totalität;
fondern es wird durch das Gefeztfeyn des andern felbft
ausgefchloffen von der Totalität, wie wir uns in der
Grundlage ausdrückten, und es ift demnach gefezt
A+B. — Ueber daffelbe *in diefer Vereinigung,* mufs wieder
reflektirt werden, denn fonft wäre es nicht vereinigt;
aber durch diefe Reflexion wird es felbft begrenzt, mithin als Totalität gefezt, und es mufs ihm nach der obigen Regel etwas entgegengefezt werden. -- Inwiefern
durch die angeführte Reflexion A+B gefezt wird, als
Totalität, wird es dem abfolut als Totalität gefezten A
(hier dem Ich) gleich gefezt; gefezt, und aufgenommen

men in das Ich, in der uns nun wohl bekannten Bedeu-.
tung, mithin wird ihm infofern B entgegengefezt,
und daß B hier in A+B mit enthalten ift, wird B fich
felbft entgegengefezt, inwiefern es theils vereinigt ift
mit A (enthalten im Ich) theils entgegengefezt A (dem
Ich). A+B wird nach der oben angegebnen, und erwief-
nen Formel beftimmt durch B. — Auf A+B beftimmt
durch B muß als folches, d. i. inwiefern A+B durch
B beftimmt ift, reflektirt werden. — Dann ift aber,
da B durch B beftimmt feyn foll, auch das mit demfelben fynthetifch vereinigte A. dadurch beftimmt; und
da B und B fynthetifch vereinigt feyn follen, auch das
mit dem erftern B. vereinigte A. damit fynthetifch vereinigt. Dies widerfpricht dem erften Satze, nach welchem A und B fchlechthin entgegen gefezt feyn follen.
Diefer Widerfpruch ift nicht anders zu löfen, als dadurch, dafs A ihm felbft entgegengefezt werde; und
fo wird A+B beftimmt durch A, fo wie es in der Erörterung des Begriffs der Wechfelwirkung gefordert wurde. Nun aber kann A ihm felbft nicht entgegen gefezt feyn, wenn die geforderten Synthefen möglich
feyn follen. Es mufs demnach fich gleich, und fich
entgegengefezt feyn zugleich, d. h. es mufs eine Handlung des abfoluten Vermögens des Ich, der Einbildungskraft, geben, durch welche daffelbe abfolut vereinigt
wird. — Wir gehen nach diefem Schema an die Unterfuchung.

*Ift A. Totalität, und wird als folche gefezt, fo wird
B. ausgefchloffen.* — Das Ich fezt fich mittelbar als Ich,
und begrenzt fich infofern, inwiefern es das Bild mit
abfoluter Freiheit entwirft, und zwifchen mehrern mög-

E 3   lichen

lichen Beſtimmungen deſſelben in der Mitte ſchwebt.
Das Bild iſt noch nicht beſtimmt, aber es wird beſtimmt;
das 'ch iſt in der Handlung des Beſtimmens begriffen.
Das iſt der ſchon oben vollkommen geſchilderte Zu-
ſtand, auf welchen wir uns hier beziehen. Er heiſse
A. (Innere Anſchauung des Ich im freien Bilden.)

Inwiefern das Ich ſo handelt, ſezt es dieſem frei
ſchwebenden Bilde, und mittelbar ſich ſelbſt, dem bil-
denden, entgegen die vollkommen beſtimmte Eigen·
ſchaft, von der wir ſchon oben gezeigt haben, daſs ſie
umfaſst, und aufgefaſst werde durch das Ich, vermittelſt der unmittelbaren Anſchauung des Dinges, in welcher aber das Ich ſeiner ſelbſt ſich nicht bewuſt iſt. Ie-
nes beſtimmte wird nicht als Ich geſezt, ſondern demſelben entgegengeſezt, und alſo ausgeſchloſſen. Es
heiſse B.

*B wird geſezt, und demnach A von der Totalität
ausgeſchloſſen.* — Das Ich ſezte die Eigenſchaft als beſtimmt, und es konnte ſich, wie es doch ſollte, im Bilden keinesweges als frei ſetzen, ohne ſie ſo zu ſetzen.
Das Ich muſs demnach, ſo gewiſs es ſich frei bildend
ſetzen ſoll, auf jene Beſtimmtheit der Eigenſchaft reflektiren. (Es iſt hier nicht die Rede von der ſynthetiſchen Vereinigung mehrerer Merkmale in Einem Subtrat, und eben ſo wenig von der ſynthetiſchen Vereinigung des Merkmals mit dem Subſtrate, wie ſich ſogleich ergeben wird; ſondern von der vollkommnen
Beſtimmtheit des vorſtellenden Ich in Auffaſſung eines
Merkmals, wovon als Beiſpiel man ſich indeſſen die
Figur eines Körpers im Raume denken kann.) Dadurch
wird

wird nun das Ich von der Totalität ausgefchloffen, d. h.
es ift fich felbft nicht mehr genug, es ift nicht mehr
durch fich felbft, fondern durch etwas anderes ihm völlig entgegengefeztes beftimmt; fein Zuftand, d. i. das
Bild in ihm läfst fich nicht mehr lediglich aus ihm felbft,
fondern blofs durch etwas auffer ihm erklären, und
es ift demnach gefezt A+B. oder A beftimmt durch B
als Totalität. (Aeuffere beftimmte, reine Anfchauung.)
(Ueberhaupt bei den gegenwärtigen Unterfcheidungen,
und befonders bei der jetzigen ift wohl zu merken,
dafs etwas denfelben einzeln entfprechendes im Bewuftfeyn gar nicht vorkommen könne. Die gefchilderten
Handlungen des menfchlichen Geiftes kommen nicht
getrennt vor in der Seele, und werden dafür auch gar
nicht ausgegeben; fondern alles was wir jezt auffiellen,
gefchieht in fynthetifcher Vereinigung, wie wir denn
beftändig fort den fynthetifchen Gang geben, und von
dem Vorhandenfeyn des einen Gliedes auf das Vorhandenfeyn der übrigen fchliefsen. Ein Beifpiel der deducirten Anfchauung würde feyn die Anfchauung jeder
reinen geometrifchen Figur, z. B. die eines Kubus. Aber
eine folche Anfchauung ift nicht möglich. Man kann
fich keinen Kubus einbilden, ohne den Raum, in dem
er fchweben foll, fich zugleich einzubilden, und dann
feine Grenze zu befchreiben; und findet hier zugleich
in der finnlichen Erfahrung den Satz erwiefen, dafs
das Ich keine Grenze fetzen könne, ohne zugleich ein
begrenzendes, durch die Grenze ausgefchlofsnes zu
fetzen.)

*Auf A+B mufs, und zwar in diefer Verbindung, re-
flektirt werden,* d. h. es wird auf die Befchaffenheit,

als

als eine beſtimmte, reflektirt. Ohne dies wäre ſie nicht
im Ich; ohne dies wäre das geforderte Bewuſtſeyn derſelben nicht möglich. Wir werden demnach von dem
Punkte aus, auf welchem wir ſtehen, ſelbſt, und durch
keinen in ihm ſelbſt liegenden Grund weiter getrieben
(eben ſo das Ich, welches der Gegenſtand unſrer Unterſuchung iſt) und das iſt eben das Weſen der Syntheſis; hier liegt jenes die Unvollſtändigkeit verrathen-
de X, von dem oft die Rede geweſen. — Dieſe Reflexion geſchieht, wie jede, durch abſolute Spontaneität; das Ich reflektirt ſchlechthin, weil es Ich iſt. Es
wird ſeiner Spontaneität in dieſem Handeln ſich nicht
bewuſt, aus dem oft angeführten Grunde; aber das Objekt ſeiner Reflexion, inwiefern es das iſt, wird dadurch
Produkt jener Spontaneität, und es muſs ihm das Merkmal eines Produktes der freien Handlung des Ich, die
Zufälligkeit, zukommen. Nun kann es nicht zufällig
ſeyn, inwiefern es als *beſtimmt* geſezt iſt, und als ſolches darüber reflektirt wird, mithin in einer andern
Rükſicht, die ſich ſogleich zeigen wird. — Es wird
durch die ihm zukommende Zufälligkeit Produkt des
Ich, und darinn aufgenommen; das Ich beſtimmt ſich
demnach abermals, und dies iſt nicht möglich, ohne
daſs es ſich Etwas, alſo ein Nicht-Ich entgegenſetze.

(Hierbei die allgemeine, ſchon oft vorbereitete,
aber nur hier recht deutlich zu machende Bemerkung.
Das Ich reflektirt mit Freiheit; eine Handlung des
Beſtimmens, die eben dadurch ſelbſt beſtimmt wird:
aber es kann nicht reflektiren, Grenze ſetzen, ohne
zugleich abſolut etwas zu produciren, als ein begrenzendes. Alſo *Beſtimmen* und *Produciren* ſind immer
bei-

beiſammen, und dies iſt es, woran die Identität des Be-
wußtſeyns ſich hält.)

Dieſes entgegengeſezte iſt *nothwendig* in Beziehung
auf die beſtimmte Eigenſchaft; und dieſe iſt in Beziehung auf jenes *zufällig*. Es iſt ferner, gerade wie die
Eigenſchaft, entgegengeſezt dem Ich, und daher, wie
ſie, Nicht-Ich, aber ein *nothwendiges* Nicht-Ich.

Aber die Eigenſchaft, als beſtimmtes, und *inwiefern*
ſie dies iſt, — alſo, als etwas, gegen welches das Ich ſich
blos leidend verhält, — mufs von dem Ich ausgeſchloſſen
werden, nach den obigen Erörterungen; und das Ich,
wenn und inwiefern es als auf ein beſtimmtes reflektirt, wie hier geſchieht, mufs daſſelbe von ſich aus-
ſchliefsen. Nun ſchliefst das Ich in der gegenwärtigen
Reflexion auch noch ein anderes Nicht-Ich, als beſtimmt,
und nothwendig von ſich aus. Mithin mufs dieses beides aufeinander bezogen, und ſynthetiſch vereinigt
werden. Der Grund der Vereinigung iſt der, das beide Nicht Ich demnach in Beziehung auf das Ich Eins
und eben daſſelbe ſind; der Unterſcheidungsgrund der:
die Eigenſchaft iſt *zufällig*, ſie könnte auch anders ſeyn,
das Subſtrat aber, als ſolches, iſt in Beziehung auf die
erſtere nothwendig da. — Beide ſind vereinigt, d. i.
ſie ſind in Beziehung auf einander nothwendig und zufällig: die Eigenſchaft mufs ein Subſtrat haben, aber
dem Subſtrat mufs nicht dieſe Eigenſchaft zukommen.
Ein ſolches Verhältnifs des Zufälligen zum Nothwendigen in der ſynthetiſchen Einheit nennt man das Verhältnifs der *Subſtantialität*. — (B entgegengeſezt B. Das
leztere B iſt gar nicht im Ich. — A÷B. iſt beſtimmt durch

E 5   B,

B. Das in das Ich aufgenommne an sich vollkommen beftimmte Bild mag immer beftimmt feyn für das Ich; dem Dinge ift die darinn ausgedrükte Eigenfchaft zufällig. Sie könnte ihm auch nicht zukommen.)

Es mufs reflektirt werden auf das im vorigen Gefchäft ausgefchlofsne B, das wir als das nothwendige Nicht-Ich, im Gegenfatze des im Ich enthaltnen zufälligen kennen. Es folgt aus diefer Reflexion fogleich, dafs das vorher als Totalität gefezte A+B nun nicht mehr Totalität, d. i. dafs es nicht mehr das alleinig im Ich enthaltne, und infofern' zufällige feyn könne. Es mufs durch das nothwendige beftimmt werden. *Zuförderft*, die Eigenfchaft, das Merkmal, Bild, oder wie man es nennen will, mufs dadurch beftimmt werden. Sie war gefezt, als dem Dinge zufällig, das leztere als nothwendig; fie find demnach völlig entgegengefezt. Iezt müffen fie, fo gewifs über beide durch das Ich reflektirt werden foll, in diefem Einem, und eben demfelben Ich vereinigt werden. Dies gefchieht durch abfolute Spontaneität des Ich. Die Vereinigung ift lediglich Produkt des Ich; fie wird gefezt, heifst, *es wird ein Produkt durch das Ich gefezt.* — Nun wird das Ich feines Handelns unmittelbar fich nie bewuft, fondern nur in dem Produkte, und vermittelft des Produkts. Die Vereinigung beider mufs daher felbft als zufällig gefezt werden; und da alles zufällige gefezt wird, als entftanden durch Handeln, mufs fie felbft gefezt werden, als entftanden durch Handeln. — Nun kann das, was in feinem Dafeyn felbft zufällig ift, und abhängig von einem andern, nicht als handelnd gefezt werden; mithin nur das Nothwendige. Auf das Nothwendige wird

wird in der Reflexion, und durch fie der Begriff des
Handelns übertragen, der eigentlich nur in dem reflek-
tirenden felbft liegt, und das Zufällige wird gefezt als
Produkt deffelben, als Aeufferung feiner freien Thätigkeit. Ein folches fynthetifches Verhältnis heifst das
der *Wirkfamkeit*, und das Ding in diefer fynthetifchen
Vereinigung des Nothwendigen und Zufälligen in ihm
betrachtet, ift das *wirkliche* Ding.

(Wir machen bei diefem höchft wichtigen Punkte einige Anmerkuugen

1.) Die fo eben aufgezeigte Handlung des Ich ift
offenbar eine Handlung durch die Einbildungskraft in der Anfchauung; denn theils vereinigt
das Ich völlig entgegengefeztes, welches das Gefchäft der Einbildungskraft ift; theils verliert es
fich felbft in diefem Handeln, und trägt dasjenige,
was in ihm ift, über auf das Objekt feines Handelns, welches die Anfchauung charakterifirt.

2.) Die fogenannte Kategorie der Wirkfamkeit
zeigt fich demnach hier, als lediglich in der Einbildungskraft entfprungen: und fo ift es, es kann
nichts in den Verftand kommen, auffer durch die
Einbildungskraft. Welche Aenderung der Verftand mit jenem Produkte der Einbildungskraft
vornehmen werde, läfst fich fchon hier vorausfe-
hen. Wir haben das Ding gefezt, als *frei* handelnd,
und ohne alle Regel, (wie es denn auch wirklich,
fo lange der Verftand feine Handelsweife nicht
umfafst, und begreift, im Bewuftfeyn gefezt wird,
als *Schikfal* mit allen feinen möglichen Modifikatio-
nen;) weil die Einbildungskraft ihr eignes *freies*

Hau-

Handeln darauf überträgt. Es fehlt das Gefezmäf-
fige. Wird der gebundne Verftand auf das Ding
fich richten, fo wird daffelbe nach einer Regel
wirken, fo wie er felbft.

3.) *Kant*, der die Kategorien urfprünglich als
Denkformen erzeugt werden läfst, und der von
feinem Gefichtspunkte aus daran völlig Recht hat,
bedarf der durch die Einbildungskraft entworfnen
Schemate, um ihre Anwendung auf Objekte möglich zu machen; er läfst fie demnach eben fowohl,
als wir, durch die Einbildungskraft bearbeitet werden, und derfelben zugänglich feyn. In der Wiffenfchaftslehre entftehen fie *mit dem Objekten zugleich* und um diefelben erft möglich zu machen,
auf dem Boden der Einbildungskraft felbft.

4.) *Maimon* fagt über die Kategorie der Wirkfamkeit daffelbe, was die Wiffenfchaftslehre fagt:
nur nennt er ein folches Verfahren des menfchlichen Geiftes eine Täufchung. Wir haben ander-
wärts gefehn, dafs dasjenige nicht Täufchung zu
nennen fey, was den Gefetzen des vernünftigen
Wefens angemeffen ift, und nach denfelben fchlechthin nothwendig ift, und nicht vermieden werden
kann, wenn wir nicht aufhören wollen, vernünftige Wefen zu feyn. — Aber der eigentliche Streit-
punkt liegt im folgenden: „Mögt ihr doch immer,"
würde *Maimon* fagen, „Gefetze des Denkens a prio.
„ri haben, wie ich euch als erwiefen zuge-
ftehe", (welches allerdings viel zugeftanden ift,
denn wie mag doch ein blofses Gefez im menfchlichen Geifte vorhanden feyn, ohne Anwendung,

eine

eine leere Form ohne Stoff?) „fo könnt ihr diefel-
„ben auf Objekte, doch nur vermittelſt der Ein-
„bildungskraft anwenden; mithin muſs im Gefchäft
„der Anwendung in derfelben Objekt und Gefez
„zugleich feyn. Wie kommt fie doch zum Objekte"? Diefe Frage kann nicht anders beantwortet
werden; als fo: fie muſs es felbſt produciren. (wie
in der Wiffenfchafslehre ans andern Gründen ganz
unabhängig von jenem Bedürfnifs fchon dargethan
worden iſt.) — Der durch den Buchſtaben *Kants*
allerdings beſtätigte, feinem *Geiſte* aber völlig wi-
derſtreitende Irrthum liegt demnach blofs darin,
dafs das Objekt etwas anderes feyn foll, als ein
Produkt der Einbildungskraft. Behauptet man dies,
fo wird man ein transscendenter Dogmatiker, und
entfernt fich gänzlich vom Geiſte der kritifchen
Philofophie.

5) *Maimon* hat blofs die Anwendbarkeit des Gefetzes der Wirkfamkeit bezweifelt; er könnte nach
feinen Grundfätzen die Anwendbarkeit aller Gefetze a priori bezweifelt haben. — So *Hume* Er
erinnerte: ihr felbſt feyd es, die ihr den Begriff
der Wirkfamkeit in euch habt, und ihn auf die
Dinge übertraget; mithin hat eure Erkenntnifs
keine objektive Gültigkeit. *Kant* geſteht ihm den
Vorderfatz nicht nur für den Begriff der Wirkfamkeit, fondern für alle Begriffe a priori zu; aber
er lehnt durch den Erweifs, dafs ein Objekt lediglich für ein mögliches Subjekt feyn könne, feine
Folgerung ab. Es blieb in diefem Streite unbe-
rührt, durch welches Vermögen des Subjekts das

im

im Subjekt liegende auf das Objekt, übertragen werde. Lediglich durch die Einbildungskraft wendet
ihr das Gefez der Wirkfamkeit auf Objekte an,
erweifst *Maimon*, mithin hat eure Erkenntnifs
keine objektive Gültigkeit, und die Anwendung
eurer Denkgefetze auf Objekte ift eine blofse Täufchung. Die Wiffenfchaftslehre gefteht ihm den
Vorderfatz nicht nur für das Gefez der Wirkfamkeit, fondern für alle Gefetze a priori zu, zeigt
aber durch eine nähere Beftimmung des Objekts,
welche fchon in der Kantifchen Beftimmung liegt,
dafs unfre Erkenntnifs gerade darum objektive
Gültigkeit habe, und nur unter diefer Bedingung
fie haben könne. — So geht der Skepticismus,
und der Kriticismus jeder feinen einförmigen Weg
fort, und beide bleiben fich felbft immer getreu.
Man kann nur fehr uneigentlich fagen, dafs der
Kritiker den Skeptiker widerlege. Er giebt vielmehr ihm zu, was er fordert, und meiftens noch
mehr, als er fordert; und befchränkt lediglich die
Anfprüche, die derfelbe meiftentheils gerade
wie der Dogmatiker auf eine Erkenntnifs des Dinges an fich macht, indem er zeigt, dafs diefe Anfprüche ungegründet find.)

Das was wir jezt als Aeufferung der Thätigkeit des
Dinges kennen, und was durch die übrigens freie
Thätigkeit deffelben vollkommen beftimmt ift, ift gefezt
in das Ich, und ift beftimmt für das Ich, wie wir oben
gefehen haben. Demnach ift mittelbar das Ich felbft
dadurch beftimmt; es hört auf Ich zu feyn, und wird
felbft Produkt des Dinges, weil das, daffelbe ausfüllen-
de

de und stellvertretende, Produkt des Dinges ift. Das
Ding wirkt durch, und vermittelft diefer feiner Aeufferung auf das Ich felbft, und das Ich ift gar nicht
mehr Ich, das durch fich felbft gefezte, fondern es ift
in diefer Beftimmung das durch das Ding gefezte. (Die
Einwirkung des Dinges auf das Ich, oder der phyfifche
Einflufs der Lockianer, und der neuern Eklektiker,
die aus den ganz heterogenen Theilen des Leibnitzi-
fchen, und Lockifchen Syftems ein unzufammenhän-
gendes Ganzes zufammenfetzen, welcher aber von dem
gegenwärtigen Gefichtspunkte aus, aber auch nur von
ihm aus, völlig gegründet ift.) — Das aufgeftellte findet
fich, wenn auf A+B beftimmt durch B reflektirt wird.

So kann es nicht feyn, daher mufs A+B beftimmt
durch B wieder in das Ich gefezt, oder nach der Formel, beftimmt werden durch A.

Zuförderft A. d. i. die in dem Ich durch das Ding
hervorgebracht feyn follende Wirkung wird gefezt in
Rükficht auf das Ich, als zufällig. Demnach wird diefer Wirkung im Ich, und dem Ich felbft, inwiefern es
durch fie beftimmt ift, entgegengefezt ein nothwendig
in fich felbft und durch fich felbft feyendes Ich, das Ich
an fich. Gerade wie oben dem zufälligen im Nicht Ich
das nothwendige, oder das Ding an fich entgegengefezt wurde, fo wird hier dem zufälligen im Ich das
nothwendige oder das Ich an fich entgegengefezt, und
diefes ift gerade wie das obige Produkt des Ich felbft.
Das nothwendige ift Subftant, das zufällige ein Accident in ihm. — Beide, das zufällige, und das nothwendige müffen fynthetifch vereinigt gefezt werden,
als ein und eben daffelbe Ich. Nun find fie abfolut ent-
gegen-

gegengefezt, mithin nur durch abfolute Thätigkeit des
Ich zu vereinigen, welcher, wie oben, das Ich fich
nicht unmittelbar bewuft wird, fondern fie überträgt
auf die Objekte der Reflexion, demnach das Verhältnifs der Wirkfamkeit zwifchen beiden fezt. Das zufällige wird bewirktes durch die Thätigkeit des abfoluten
Ich im Reflektiren, eine Aeufferung des Ich, und infofern etwas wirkliches für daffelbe. Dafs es bewirktes
des Nicht Ich feyn follte, davon wird in diefer Reflo-
xion völlig abftrahirt, denn es kann etwas nicht zugleich
bewirktes des Ich, und feines entgegengefezten des
Nicht-Ich feyn. Dadurch wird nun ausgefchloffen vom
Ich das Ding mit feiner Aeufferung, und demfelben
völlig entgegengefezt. — Beide, Ich und Nicht-Ich
exiftiren an fich nothwendig, deide völlig unabhängig
von einander; beide äuffern fich in diefer Unabhängig-
keit, jedes durch feine eigne Thätigkeit und Kraft,
die wir noch nicht unter Gefetze gebracht haben, die
demnach noch immer völlig frei find.

Es ift jezt deducirt, wie wir dazu kommen, ein
handelndes Ich, und ein handelndes Nicht-Ich entgegen zu fetzen, und beide zu betrachten, als völlig unabhängig von einander. Infofern ift das Nicht-Ich über·
haupt da, und ift durch fich felbft beftimmt; dafs es aber
durch das Ich vorgeftellt wird, ift zufällig für daffelbe.
Eben fo ift das Ich da, und handelt durch fich felbft,
dafs es aber das Nicht-Ich vorftellt, ift zufällig für daffelbe. Die Aeufferung des Dinges in der Erfcheinung
ift Produkt des Dinges; diefe Erfcheinung, inwiefern
fie für das Ich da ift, und durch daffelbe aufgefafst wird,
ift Produkt des Ich.

Das

Das Ich kann nicht handeln, ohne ein Objekt zu haben; alſo durch die Wirkſamkeit des Ich wird die des Nicht-Ich geſezt: das Nicht-Ich kann wirken, aber nicht für das Ich, ohne daſs das Ich auch wirke; dadurch, daſs eine Wirkſamkeit deſſelben *für das Ich geſezt wird*, wird zugleich die Wirkſamkeit des Ich geſezt. Die Aeuſſerungen beider Kräfte ſind daher nothwendig ſynthetiſch vereinigt, und der Grund ihrer Vereinigung (das, was wir oben ihre Harmonie nannten) muſs aufgezeigt werden.

Die Vereinigung geſchieht durch abſolute Spontaneität, wie alle Vereinigungen, die wir bis jezt aufgezeigt haben. Was durch Freiheit geſezt iſt, hat den Charakter der Zufälligkeit; demnach muſs auch die gegenwärtige ſynthetiſche Einheit dieſen Charakter haben. — Oben wurde das Handeln übertragen; dies iſt demnach ſchon geſezt, und kann nicht abermals geſezt werden; bleibt die zufällige Einheit des Handelns, d. i. das ohngefähre Zuſammentreffen der Wirkſamkeit des Ich und des Nicht Ich *in einem dritten, das weiter gar nicht iſt, noch ſeyn kann, als das, worin ſie zuſammentreffen;* und welches wir indeſſen *einen Punkt* nennen wollen.

§. 4. Die Anſchauung wird beſtimmt in der Zeit, und das angeſchaute im Raume.

Die Anſchauung ſoll ſeyn im Ich, ein Accidens des Ich, nach dem vorherigen §., das Ich muſs demnach ſich ſetzen, als das anſchauende; es muſs die Anſchauung in Rükſicht auf ſich ſelbſt beſtimmen: ein Satz, der im theoretiſchen Theile der Willenſchaftslehre poſtulirt

F

lirt wird, nach dem Grundfatze: nichts kommt dem Ich
zu, als dasjenige, was es in fich felbft fezt.

Wir verfahren hier nach dem gleichen Schema der
Unterfuchung, wie im vorherigen §., nur mit dem Un-
terfchiede, dafs dort von *etwas*, von einer Anfchauung,
hier aber lediglich von einem *Verhältniffe*, von einer
fynthetifchen Vereinigung entgegengefezter Anfchauun-
gen die Rede feyn wird; mithin da, wo dort auf Ein
Glied reflektirt wurde, hier auf zwei entgegengefezte
in ihrer Verbindung wird reflektirt werden müffen;
demnach hier durchgängig dreifach feyn wird, was
dort einfach war.

I) Die Anfchauung, fo wie fie oben beftimmt worden, d. i. die fynthetifche Vereinigung der Wirkfamkeit des Ich, und Nicht Ich durch das zufällige Zufammentreffen in Einem Punkte wird gefezt, und aufgenommen in das Ich heift nach der nun fattfam bekannten Bedeutung: *fie wird gefezt, als zufällig.* — Es ift
wohl zu merken, dafs nichts von dem einmal in ihr
feftgefezten verändert werden darf, fondern alles forg-
fältig beibehalten werden mufs. Die Anfchauung wird
nur *weiter* beftimmt; aber alle einmal gefezte Beftimmungen bleiben.

Die Anfchauung X wird *als Anfchauung* als zufällig
gefezt, heift: es wird ihr eine andere Aufchauung —
nicht etwa ein anderes Objekt, eine andere Beftimmung,
u. dergl. fondern, worauf hier alles ankommt, eine
vollkommen wie fie beftimmte andere *Anfchauung* = Y
entgegengefezt, die im Gegenfatze mit der erftern nothwendig, und die erftere im Gegenfatze mit ihr zufällig
ift.

ift. Y ift infofern von dem in X anfchauenden Ich völlig ausgefchloffen.

X fällt als Anfchauung—nothwendig in einen Punkt;
Y als Anfchauung gleichfalls, aber in einen dem erftern
entgegengefezten, und alfo von ihm völlig verfchied-
nen. Der eine ift nicht der andre.

Es fragt fich nur, welches denn die Nothwendigkeit fey, die der Anfchauung Y in Beziehung auf X
und die Zufälligkeit, die der Anfchauung X in Beziehung auf Y zugefchrieben werde. Folgende: die Anfchauung Y ift mit ihrem Punkte nothwendig fynthetifch vereinigt, wenn X mit dem ihrigen vereinigt
werden foll; die Möglichkeit der fynthetifchen Vereinigung X und ihres Punktes fezt die Vereinigung der
Anfchauung Y mit ihrem Punkte voraus; nicht aber
umgekehrt. In den Punkt, in welchem X gefezt wird,
läfst fich, — fo fezt das Ich — auch eine andere Anfchauung fetzen; in denjenigen aber, in welchem Y
gefezt ift, fchlechthin keine andre, als Y, wenn X als
Anfchauung des Ich foll gefezt werden können.

Nur inwiefern diefe Zufälligkeit der Synthesis gefezt wird, ift X zu fetzen, als Anfchauung des Ich; und
nur inwiefern diefer Zufälligkeit die Nothwendigkeit
der gleichen Synthefis entgegengefezt wird, ift fie felbft
zu fetzen.

(Es bleibt dabei freilich die weit fchwierigere Frage zu beantworten übrig, wodurch denn der Punkt X
noch anders beftimmt, und beftimmbar feyn möge,
denn durch die Anfchauung X und der Punkt Y anders,
denn durch die Anfchauung Y. Bis jezt ift diefer Punkt

F 2   noch

noch gar weiter nichts, als dasjenige, worinn eine
Wirkſamkeit des Ich und Nicht-Ich zuſammentreffen ;
eine Synthefis, durch welche die Anſchauung, und welche allein durch die Anſchauung möglich wird, und
ſo und nicht anders iſt er im vorigen §. aufgeſtellt worden. Nun iſt klar, dafs, wenn der Punkt X geſezt
werden ſoll als dasjenige, in welchem auch eine andere
Anſchauung ſich ſetzen laſse, der Punkt Y aber im Gegenfatze als derjenige, in welchem keine andere ſich ſetzen
laſſe, beide von ihren Anſchauungen ſich abſondern,
und unabhängig von ihnen ſich von einander müſſen
unterſcheiden laſſen. *Wie* dies möglich ſey, läſst ſich
hier freilich noch nicht einſehen; wohl aber ſoviel,
dafs es möglich ſeyn müſſe, wenn je eine Anſchauung
dem Ich zugeſchrieben werden ſolle.)

II.) Wird A geſezt als Totalität, ſo wird B. ausgeſchloſſen. Bedeutet A das durch Freiheit zu beſtimmende Bild, ſo bedeutet B die ohne Zuthun des Ich
beſtimmte Eigenſchaft. — In der Anſchauung X, inwiefern ſie überhaupt eine Anſchauung ſeyn ſoll, wird
nach dem vorigen § ein beſtimmtes Objekt X ausgeſchloſſen; ſo auch in der ihr entgegengeſezten Anſchauung Y. Beide Objekte ſind als ſolche beſtimmt,
d. h. das Gemüth iſt in Aufſchauung derſelben genöthigt,
ſie gerade ſo zu ſetzen, wie es ſie ſezt. Dieſe Beſtimmtheit mufs bleiben, und es iſt nicht die Rede davon,
ſie zu ändern.

Aber welches Verhältnifs unter den Anſchauungen
iſt, daſſelbe iſt nothwendig auch unter den Objekten.
Mithin müſte das Objekt X in Beziehung auf Y *zufällig*, dieſes aber in Beziehung auf jenes *nothwendig* ſeyn.

Die

Die Beſtimmung des X ſezt nothwendig die des Y voraus, nicht aber umgekehrt.

Nun aber ſind beide Objekte, *als Objekte der Anſchauung überhaupt*, vollkommen beſtimmt, und das geforderte Verhältniſs beider zu einander kann auf dieſe
Beſtimmtheit ſich nicht beziehen, ſondern auf eine andere noch völlig unbekannte; auf eine ſolche, durch
welche etwas nicht ein Objekt überhaupt, ſondern nur
ein Objekt einer von einer andern Anſchauung zu un-
terſcheidenden Anſchauung wird. Die geforderte Beſtimmung gehört nicht zu den *innern* Beſtimmungen des
Objekts (inwiefern von ihm der Satz A $=$ A gilt) ſondern ſie iſt eine äuſſere. Da aber ohne die geforderte
Unterſcheidung es nicht möglich iſt, daſs eine Anſchauung in das Ich geſezt werde, jene Beſtimmung aber
die Bedingung der geforderten Unterſcheidung iſt, ſo
iſt das Objekt nur unter Bedingung dieſer Beſtimmtheit
Objekt der Anſchauung, und ſie iſt ausſchlieſſende Bedingung aller Anſchauung. Wir nennen das unbekannte, durch welches das Objekt beſtimmt werden ſoll,
indeſſen O, die Art, wie Y dadurch beſtimmt iſt z, die
wie X dadurch beſtimmt iſt, v.

Das gegenſeitige Verhältniſs iſt folgendes: X muſs
geſezt werden, als ſynthetiſch zu vereinigend mit v.
oder auch nicht; alſo auch v. als ſynthetiſch zu vereinigend mit X, oder mit jedem andern Objekte: Y dagegen als durch eine Syntheſis nothwendig mit z vereinigt, wenn X mit v vereinigt werden ſoll. — *Indem* v als zu *vereinigend* mit X geſezt wird, oder auch
nicht, wird Y nothwendig geſezt, als *vereinigt* mit z,
und daraus geht zugleich folgendes hervor: jedes mög-

F 3   li-

liche Objekt ift mit v. zu vereinigen, nur nicht Y, denn
es ift fchon unzertrennlich vereinigt. So auch X ift
mit jedem möglichen O zu vereinigen, nur nicht mit
z, denn mit diefem ift Y unzertrennlich vereinigt;
von diefem ift es dahero fchlechthin ausgefchloffen.

X und Y find vom Ich völlig ausgefchloffen, das Ich
vergifst und verliert fich felbft gänzlich in ihrer Anfchauung: das Verhältnifs beider alfo, von welchem
hier die Rede ift, läfst fich fchlechterdings nicht von
dem Ich ableiten, fondern es mufs *den Dingen felbft zugefchrieben werden* — es erfcheint dem Ich, als nicht
abhängig von feiner Freiheit, fondern als beftimmt
durch die Dinge. — Das Verhältnifs war; weil z mit
Y vereinigt ift, ift X davon fchlechthin ausgefchloffen.
Dies auf die Dinge übertragen, mufs ausgedrükt werden: Y fchliefst X von z aus, es beftimmt daffelbe negativ. Gehe Y bis zum Punkte d, fo wird X bis zu diefem Punkte, gehe es bis c, fo wird X nur bis dahin
ausgefchloffen, u. f. f. Da es aber gar keinen andern
Grund giebt, warum X nicht mit z vereinigt werden
kann, auffer den, dafs es durch Y davon ausgefchloffen wird, und da das begründete offenbar nicht weiter
gilt, als der Grund, fo geht X beftimmt da an, wo Y
aufhört es auszufchliessen, oder wo Y ein Ende hat;
und es kommt ihnen daher Continuität zu.

Diefes Ausfchliessen, diefe Continuität ift nicht
möglich, wenn nicht beide X und Y in einer ge-
meinfchaftlichen Sphäre find (welche wir hier freilich
noch gar nicht kennen) und in derfelben in *einem* Punkte zufammentreffen. Im Setzen diefer Sphäre befteht
die fynthetifche Vereinigung beider nach dem geforderten

derten Verhältniſſe. Es wird demnach durch abſolute Spontaneität der Einbildungskraft eine ſolche gemeinſchaftliche Sphäre producirt.

III.) Wird auf das ausgeſchloſsne B. reflektirt, ſo wird A dadurch ausgeſchloſſen von der Totalität (vom Ich). Da aber B. ebendurch die Reflexion in das Ich aufgenommen, mithin ſelbſt mit A vereinigt als Totalität (als zufällig) geſezt wird, ſo muſs ein anderes B., in Rükſicht auf welches es zufällig iſt, ausgeſchloſſen, oder demſelben als nothwendig entgegengeſezt werden. Wir wenden dieſen allgemeinen Satz an auf den gegenwärtigen Fall.

Y iſt jezt, laut unſers Erweiſes, in Rükſicht ſeiner ſynthetiſchen Vereinigung mit einem noch völlig unbekannten O beſtimmt; und X iſt in Beziehung darauf, und vermittelſt deſſelben gleichfalls, wenigſtens *negativ* beſtimmt; es kann nicht auf die Art, wie Y durch O beſtimmt werden, ſondern nur auf eine entgegengeſezte; es iſt ausgeſchloſſen von der Beſtimmung des Y.

Beide müſſen, inwiefern ſie, was hier geſchieht, mit A vereinigt, oder in das Ich aufgenommen werden ſollen, *auch in dieſer Rükſicht* geſezt werden, als zufällig. Das heiſst zuförderſt, es wird ihnen nach dem im vorigen § deducirten Verfahren entgegengeſezt ein nothwendiges Y und X, in Beziehung auf welche beide zufällig ſind — die Subſtanzen, denen beide zukommen, als Accidenzen.

Ohne uns länger bei dieſem Gliede der Unterſuchung aufzuhalten, gehen wir ſogleich fort zur oben gleichfalls deducirten ſynthetiſchen Vereinigung des

, F 4 jezt

jezt als zufällig gefezten mit dem ihm entgegengefezten nothwendigen. Nemlich, das im Ich aufgefafste und infofern zufällige Y ift Erfcheinung — bewirktes, Aeufferung der nothwendig vorauszufetzenden Kraft Y: X das gleiche; und zwar beide Aeufferungen *freier* Kräfte.

Welches Verhältnifs zwifchen Y und X als Erfcheinungen ift, dafselbe mufs auch zwifchen den Kräften feyn, die durch fie fich äuffern. Die Aeufferung der Kraft Y gefchieht demnach völlig unabhängig von der Aeufferung der Kraft X, umgekehrt aber ift die leztero in ihrer Aeufferung abhängig von der Aeufferung der erftern, und wird durch fie bedingt.

Bedingt fage ich, d. h. die Aeufferung von Y befimmt die Aeufferung X nicht *pofitiv*, welche Behauptung in dem vorher deducirten nicht den mindeften Grund haben würde; es liegt nicht etwa in der Aeufferung Y der Grund, dafs die Aeufferung X gerade fo, und nicht anders ift: aber fie beftimmt fie *negativ*, d. h. es liegt in ihr der Grund, dafs X auf eine gewiffe beftimmte Art unter allen möglichen fich *nicht* äuffern kan.

Dies fcheint dem obigen zu widerfprechen. Es ift ausdrüklich gefezt, dafs X fowohl als Y fich durch freie fchlechthin uneingefchränkte Wirkfamkeit äuffern follen. Nun foll, wie fo eben gefolgert worden, die Aeufferung von X durch die von Y bedingt feyn. Wir können dies vor der Hand nur negativ erklären. X wirkt fo gut, als Y fchlechthin, weil es wirkt; demnach ift die Wirkfamkeit von Y nicht etwa die Bedingung der Wirkfamkeit von X überhaupt und ihrer

Form

Form nach; und der Satz ist gar nicht so zu verstehen, als ob Y X afficire, auf dasselbe wirke; es dringe, und treibe, sich zu äussern. — Ferner, X ist in der Art und Weise seiner Aeusserung völlig frei, so wie Y; also kann das leztere eben so wenig die Art der Wirksamkeit der erstern, die Materie derselben, bedingen und bestimmen. Es ist demnach eine wichtige Frage, welche Beziehung denn nun noch wohl übrig bleiben möge, in welcher eine Wirksamkeit die andere bedingen könne.

Y und X sollen beide in einem synthetischen Verhältnisse zu einem völlig unbekannten O. stehen. Denn beide stehen, laut unsers Erweises, nothwendig, so gewiss dem Ich eine Anschauung zugeeignet werden soll, gegen einander selbst in einem gewissen Verhältnisse lediglich in Absicht ihres Verhältnisses zu O. Sie müssen demnach beide selbst, und unabhängig von einander in einem Verhältnisse zu O stehen. Die Folgerung ist, wie sie seyn würde wenn ich nicht wüste, ob A und B eine bestimmte Grösse hätten; aber wüste, dass A grösser sey, als B. Daraus könnte ich sicher folgern, dass allerdings beide ihre bestimmte Grösse haben müsten.)

O muss so etwas seyn, das die Freiheit beider in ihrer Wirksamkeit völlig ungestört läfst, denn beide sollen, wie ausdrüklich gefordert wird, frei wirken, und in, bei, und unbeschadet dieser freien Würksamkeit mit O synthetisch vereinigt seyn. Alles, worauf die Wirksamkeit einer Kraft geht, (was Objekt derselben ist, die einzige Art der synthetischen Vereinigung, die wir bis jezt kennen) schränkt durch seinen Widerstand

F 5   diese

diefe Wirkfamkeit nothwendig ein. Mithin kann O
gar keine Kraft, keine Thätigkeit, keine Intenfion haben; es kann gar nichts wirken. Es hat daher gar
keine Realität, und ist Nichts. — Was es etwa doch
noch feyn möge, werden wir wahrfcheinlich in der
Zukunft fehen. Das oben aufgeftellte Verhältnifs war :
Y und z. find fynthetifch vereinigt, und dadurch wird
X von z ausgefchloffen. Wie wir eben gefehen haben,
ift diefe fynthetifche Vereinigung des Y mit z. durch eigne, freie, ungeftörte Wirkfamkeit der innern Kraft Y
gefchehen ; doch ift z. keinesweges Produkt diefer Wirkfamkeit felbft, fondern mit demfelben nur nothwendig
vereinigt, mufs daher von ihm auch unterfchieden werden können. Nun wird ferner eben durch diefe Vereinigung die Wirkfamkeit des X und ihr Produkt ausgefchloffen von z, demnach ift z die Sphäre der Wirkfamkeit von Y.—z ift, nach obigem, nichts, denn diefe Sphäre; es ift gar nichts an fich, es hat keine Realität, und
es läfst fich ihm gar kein Praedikat beilegen, als das fo
eben deducirte. — Ferner, z ift die Sphäre der Wirkfamkeit blo/s und lediglich von Y, denn dadurch, dafs es
als folche gefezt wird, wird X und jedes mögliche Objekt davon ausgefchloffen. Die Sphäre der Wirkfamkeit von Y oder z bedeuten Eins und eben daffelbe,
fie find völlig gleichgeltend; z ift nichts weiter, denn
diefe Sphäre, und diefe Sphäre ift nichts anderes, denn
z. z. ift nichts, wenn Y nicht wirkt, und Y wirkt nicht,
wenn z nicht ift. Die Wirkfamkeit von Y erfüllt z, d.
h. fie fchliefst alles andre davon aus, was nicht die
Wirkfamkeit von Y ift. (An eine Extenfion ift hier noch
nicht zu denken, denn fie ift noch nicht nachgewie-
fen, und fie foll durch jenen Ausdruk keineswegs er-
fchlichen werden.)

Geht

Geht z bis zum Punkte c. d. e. u. f. f., fo ift die Wirkfamkeit des X ausgefchloffen bis c. d. e. u. f. f. Da die leztere aber mit z. lediglich darum nicht vereinigt werden kann, weil fie durch Y davon ausgefchloffen wird, fo ift nothwendig Continuität zwifchen den Sphären der Wirkfamkeit beider, und fie treffen in einem Punkte zufammen. Die Einbildungskraft vereinigt beides, und fezt z und — z, oder, wie wir es oben beftimmten, v = 0.

Aber die Wirkfamkeit des X foll unbefchadet der Freiheit deffelben ausgefchloffen feyn von z. Diefes Ausfchlieffen gefchieht nicht unbefchadet feiner Freiheit, wenn durch die Erfüllung des z. durch Y etwas in X negirt, aufgehoben, eine ihm an fich mögliche Kraftäufferung unmöglich gemacht wird. Die Erfüllung von z. durch feine Wirkfamkeit mufs demnach *gar keine mögliche Aeufferung des X feyn*; es mufs in ihm gar keine Tendenz dafür, und dahin liegen. Z ift fchon aus einem innern in X felbft liegenden Grunde nicht Wirkungsfphäre deffelben, oder vielmehr, es liegt in X gar kein Grund, dafs z feine Wirkungsfphäre feyn könnte; fonft würde daffelbe befchränkt, und wäre nicht frei.

Mithin treffen beide Y und X zufällig in einem Punkte, der abfoluten fynthetifchen Einheit des abfolut entgegengefezten (nach obigem) zufammen, ohne alle gegenfeitige Einwirkung, ohne alles Eingreifen in einander.

IV.) A+B foll beftimmt werden durch B. Bisher ift dadurch nur B beftimmt worden; aber mittelbar wird auch

auch A dadurch beftimmt. Dieshiefs oben: das, was
im Ich ift, und da weiter nichts im Ich ift, als die Anfchauung, — das Ich felbft ift durch das Nicht-Ich beftimmt, und das, was in ihm ift, und daffelbe ausmacht,
ift mittelbar felbft ein Produkt deffelben. Wir wenden
dies auf den gegenwärtigen Fall an.

X ift Produkt des Nicht-Ich, und ift feiner Wirkungsfphäre nach beftimmt im Ich; Y gleichfalls, beide
durch fich felbft in ihrer abfoluten Freiheit. Beide
durch ihr zufälliges Zufammentreffen beftimmen auch
den Punkt diefes ihres Zufammentreffens, und das Ich
verhält dagegen fich blofs leidend.

So foll und kann es nicht feyn. Das Ich, fo gewifs es Ich ift, mufs mit Freiheit die Beftimmung entwerfen. — Oben löften wir im Allgemeinen diefe
Schwierigkeit auf folgende Weife: Die ganze Reflexion
überhaupt auf etwas als Subftanz — auf das daürende,
und wirkende, — das dann, wenn es einmal fo gefezt ift, freilich in nothwendigem fynthetifchen Zufammenhange mit feinem Produkte fteht, und davon
nicht mehr zu trennen ift — hängt von der abfoluten
Freiheit des Ich ab. Hier wird fie gerade fo gelöft.
Es hängt von der abfoluten Freiheit des Ich ab, ob es
auf Y und X als auf ein *dauerndes*, *einfaches* reflektiren wolle, oder nicht. Reflektirt es darauf, fo mufs
es nach diefem Gefetze freilich Y in den Wirkungskreis
z. und denfelben ausfüllend, und in C den Grenzpunkt
zwifchen dem Wirkungskreife beider fetzen; aber es
könnte auch nicht fo reflektiren, fondern es könnte
ftatt Y und X jedes mögliche als Subftanz durch abfolute Freiheit fetzen.

Um

Um dies fich recht deutlich zu machen, denke man fich die Sphäre z , und die Sphäre v. als zufammenhängend im Punkte C., wie fie denn wirklich alfo gefezt worden find. Das Ich kann in die Sphäre z, ftatt Y. fetzen ein a und ein b; z zum Wirkungskreife beider machen, und es theilen im Punkte g. Dasjenige, was jezt Wir. kungskreis des a ift, heifse h. Aber es ift eben fo we- nig genöthigt in h a als untheilbare Subftanz zu fetzen, fondern es konnte ftatt deffelben auch fetzen e und d und demnach h im Punkte e theilen in f und k und fo .ins unendliche, Wenn es aber einmal ein a und ein b gefezt hat, fo mufs es ihnen einen in Einem Punkte zufammentreffenden Wirkungskreis anweifen, nach dem oben deducirten Gefetze.)

Diese Zufälligkeit des Y und eben fo feines Wir- kungskreises für das Ich *mufs daffelbe durch die Einbil- dungskraft wirklich fetzen*, aus dem fchon oft augegeb- nen Grunde.

Alfo Ó wird gesezt als *ausgedehnt, zufammenhän- gend, theilbar in's unendliche*, und ift der *Raum*.

1). Indem die Einbildungskraft, wie fie foll, die Möglichkeit ganz andrer Subftanzen mit ganz andern Wirkungskreifen in dem Raume z fezt, *fondert fie den Raum von dem Dinge, das ihn würklich erfüllt, ab*, und entwirft einen leeren Raum; aber lediglich zum Ver- fuche, und im Uebergehen, um ihn fogleich wieder mit beliebigen Subftanzen, die beliebige Wirkungs- kreife haben, zu erfüllen. Demnach ift gar kein lee- rer Raum, als lediglich in diefem Uebergehen der Ein- bildungskraft von der Erfüllung des Raums durch A zur beliebigen Erfüllung deffelben mit b. c. d. u. s. f.

2). Der

2). Der unendlich kleinſte Theil des Raums iſt immer ein Raum, etwas, das Continuität hat, nicht aber ein bloſser Punkt, oder die Grenze zwiſchen beſtimmten Stellen im Raume; und dieſes darum, weil in ihm geſezt werden kann, und inwiefern er ſelbſt geſezt wird, wirklich durch die Einbildungskraft geſezt wird, eine Kraft, die ſich nothwendig äuſſert, und die nicht geſezt werden kann, ohne als ſich äuſſernd geſezt zu werden, laut der im vorigen §. vorgenommenen Syntheſis der freien Wirksamkeit; ſie kann ſich aber nicht äuſſern, ohne eine Sphäre ihrer Aeuſſerung zu haben, die weiter auch nichts iſt, denn eine solche Sphäre, laut der in diesem §. vorgenommenen Syntheſis.

3). Demnach ſind Intenſität und Extenſität nothwendig synthetiſch vereinigt, und man muſs das eine nicht ohne das andere deduciren wollen. Iede Kraft erfüllt (nicht durch ſich ſelbſt, *ſie iſt nicht im Raume,* und iſt an ſich, ohne eine Aeuſſerung, *gar Nichts*) aber durch ihr nothwendiges Produkt, welches eben der ſynthetiſche Vereinigungsgrund der Intenſität und Extenſität iſt, nothwendig eine Stelle im Raume; und der Raum iſt nichts weiter, als das durch diese Produkte erfüllte, oder zu erfüllende.

4). Auſſer den innern Beſtimmungen der Dinge, die ſich aber lediglich auf das Gefühl (des mehrern oder mindern Gefallens oder Misfallens) beziehen, und dem theoretiſchen Vermögen des Ich gar nicht zugänglich ſind, z. B. daſs ſie bitter, oder ſüſs, rauh oder glatt, ſchwer oder leicht, roth, oder weiſs u. s. f. ſind, und von denen man demnach hier völlig abſtrahiren muſs, ſind die Dinge durch gar nichts zu unterſcheiden, als

durch

durch den Raum, in welchem ſie ſich befinden. Dasjenige also, was den Dingen ſo zukommt, daſs es ihnen, und gar nicht dem Ich zugeſchrieben wird, aber
doch nicht zu ihrem innern Weſen gehört, iſt der Raum,
den ſie einnehmen.

5). Aber aller Raum iſt gleich, und durch ihn iſt
demnach auch keine Unterſcheidung, und Beſtimmung
möglich, anſſer unter der Bedingung, daſs ſchon ein
Ding $=$ Y in einem gewiſſen Raume geſezt, und dieſer dadurch beſtimmt, und charakteriſirt ſey, und nun
von X geſagt werde: es iſt in einem andern Raume —
(verſteht ſich, als Y). Alle Raumbeſtimmung ſezt einen
erfüllten, und durch die Erfüllung beſtimmten Raum
voraus. — Setzet A in den unendlichen leeren Raum;
es bleibt ſo unbeſtimmt, als es war, und ihr könnt mir
die Frage, wo es ſey, nicht beantworten, denn ihr
habt keinen beſtimmten Punkt, nach welchem ihr meſſen, von welchem aus ihr euch orientiren könntet. Die
Stelle, welche es einnimmt, iſt durch nichts beſtimmt,
als durch A, und A iſt durch nichts beſtimmt, als
durch ſeine Stelle. Mithin iſt da ſchlechthin keine Beſtimmung, als lediglich, weil und inwiefern ihr eine
ſetzet; es iſt eine Syntheſis durch abſolute Spontaneität. — Um es ſinnlich auszudrücken: A könnte ſich,
für irgend eine Intelligenz, die einen Punkt, von welchem, und einen Punkt, zu welchem im Geſichte hätte, unaufhörlich im Raume fort bewegen, ohne daſs
ihr es bemerktet, weil für euch keine ſolche Punkte
da ſind, ſondern nur der grenzenloſe, leere Raum. Für
euch wird es daher immer in ſeiner Stelle bleiben, ſo
gewiſs es im Raume bleibt, denn es iſt in ihr, abſolut
da-

dadurch, dafs ihr es in fie fezt. Setzet B daneben; diefes ift beftimmt, und wenn ich euch frage, wo es fey, fo antwortet ihr mir: neben A; und ich bin dadurch allerdings befriediget, wenn ich nur nicht weiter frage; aber wo ift denn A? Setzet neben B C D E. u. s. f. ins unbedingte, fo habt ihr für alle diefe Gegenftände *relative* Ortsbeftimmungen; aber ihr mögt den Raum erfüllen, fo weit ihr wollt, fo ift diefer erfüllte Raum doch immer ein endlicher, der zum unendlichen gar kein Verhältnifs haben kann, und mit welchem es beständig fort die gleiche Bewandtnifs hat, wie mit A. Er ift beftimmt, lediglich weil ihr ihn beftimmt habt, kraft eurer abfoluten Synthefis. — Eine handgreifliche Bemerkung, wie mir es fcheint, von welcher aus man fchon längft auf die Idealität des Raums hätte fallen follen.

6). Das Objekt der *gegenwärtigen* Anfchauung wird, als folches, dadurch bezeichnet, dafs wir es in einen Raum, als *leeren* Raum, durch die Einbildungskraft fetzen; aber dies ift, wie gezeigt worden, nicht möglich, wenn nicht ein fchon erfüllter Raum vorausgefezt wird — Eine abhängige Succeffion der Raumerfüllung; in welcher man aber, aus Gründen, die tiefer unten fich zeigen werden, immer wieder zurükgehen kann.

V.) Die Freiheit des Ich follte dadurch wieder hergeftellt, und das Nicht Ich (die Beftimmung des Y und des X im Raume) als zufällig gefezt werden, dafs das Ich gefezt würde, als frei mit z. Y zu verbinden, oder auch a b c u. s. f; und dadurch, dafs diefe Freiheit gefezt wurde, zeigte fich erft O. als Raum. Diefe Art der

Zufäl-

Zufälligkeit, ift ausgemittelt, und fie bleibt; aber es ift
die Frage, ob die Schwierigkeit dadurch befriedigend
gelöft worden.

Zwar ift das Ich überhaupt frei, im Raume Y. X.
oder a. b. c. u. s. f. zu fetzen: aber wenn es auf X als
Subftanz reflektiren foll, von welcher Vorausfetzung
wir ausgegangen find, fo mufs es nothwendig, laut des
oben aufgezeigten Gefetzes, Y als beftimmte Subftanz,
und daffelbe als durch den Raum z beflimmt, fetzen;
es ift daher unter jener Bedingung nicht frei. Ferner
ift es fodann auch in Abficht der Ortsbeftimmung von
X beftimmt, und nicht frei; es mufs daffelbe neben Y
fetzen. Das Ich bleibt demnach, unter der zu Anfange des §. gemachten Vorausfetzung beftimmt und gezwungen Aber es mufs frei feyn: und der noch fort-
dauernde Widerfpruch mufs gelöft werden. Er läfst fich
nur folgendermaafsen lösen. Y und X müffen beide
noch auf eine andere Art beftimmt, und entgegengefezt
feyn, auffer durch ihre Beftimmtheit, und Beftimm-
barkeit im Raume, denn beide wurden oben abgesondert von ihrem Raume, demnach gefezt, als etwas für
fich beftehendes, und für fich unterfchiedenes von jedem andern, Sie müffen noch anderweitige charakte-
riftifche Merkmale haben, kraft welcher von ihnen der
Satz A=A gilt, z. B. X fey roth, Y gelb u. dergl. Nun
bezieht fich die Regel der Ortsbeftimmung gar nicht auf
diefe Merkmale, und es ift nicht gefagt, dafs Y als gel-
bes das im Raume beftimmte, und X als rothes das nach
jenem im Raume beftimmbare feyn folle; fondern fie
geht auf Y als auf ein beftimmtes, und in keiner andern Rükficht, auf X als auf ein beftimmbares, und in

G 2   kei-

keiner andern Rükſicht; ſie ſagt, daſs das Objekt der
zu ſetzenden Anſchauung nothwendig ein beſtimmbares ſeyn müſſe, und kein beſtimmtes ſeyn könne, und,
daſs ihm ein beſtimmtes entgegengeſezt werden müſſe,
das inſofern kein beſtimmbares ſeyn könne. Ob eben
X als anderweitig durch ſeine innern Merkmale beſtimmtes; oder Y als durch die ſeinigen beſtimmtes, — be-
ſtimmba: es oder beſtimmtes im Raume ſeyn ſolle, bleibt
dadurch gänzlich unentſchieden. Und hier hat denn
die Freiheit ihren Spielraum; ſie muſs ein beſtimmtes,
und ein beſtimmbares entgegenſetzen; aber ſie kann unter anderweitig entgegengeſezten zum beſtimmten machen, welches ſie will, und zum beſtimmbaren, welches ſie will. Es iſt lediglich von der Spontaneität abhängig, ob X durch Y oder Y durch X beſtimmt werde.

(Es iſt gleichgültig, welche Reihe im Raume man
beſchreibe, ob von A zu B oder umgekehrt; ob man
B neben A ſetze, oder A neben B, denn die Dinge
ſchlieſsen ſich im Raume wechſelſeitig aus).

VI). Das Ich kann zum beſtimmten, oder beſtimmbaren machen, welches es will, und es ſezt dieſe ſeine
Freiheit durch die Einbildungskraft auf die ſo eben angezeigte Art. Es ſchwebt zwiſchen Beſtimmtheit, und
Beſtimmbarkeit, ſchreibt beiden beides, oder, was das
gleiche heiſst, keinem keines zu. Aber, ſo gewiſs eine Anſchauung, und ein Objekt einer Anſchauung vorhanden ſeyn ſoll, muſs, laut dem Geſetze, von welchem wir ausgegangen ſind, das Ich Eins von den beiden an ſich beſtimmten zum beſtimmbaren im Raume
machen.

Warum

Warum es **eben X** oder **Y** oder jedes mögliche andre als beſtimmbares ſetze, darüber läſst ſich kein Grund
anführen, und es ſoll gar keinen ſolchen Grund geben,
denn es wird durch abſolute Spontaneität gebandck.
Dieſes nun zeigt ſich durch Zufälligkeit. Nur hat man
wohl zu merken, worin eigentlich dieſe Zufälligkeit
liege.

Durch Freiheit wurde ein beſtimmbares, deſſen
Beſtimmbarkeit als ſolche nach dem Geſetze nothwendig
iſt, und welches als Objekt der Anſchauung ein beſtimmbares ſeyn muſs, geſezt; im *Geſeztſeyn*, oder *Daſeyn*
des Beſtimmbaren liegt demnach die Zufälligkeit. Das
Setzen des Beſtimmbaren wird ein Accidens des Ich,
welches ſelbſt zum, Gegenſatze, geſezt wird als Subſtanz, nach der im vorigen §. angeführten Regel.

VII). Gerade wie im vorigen §. bei dem gegenwärtigen Punkte unſers ſynthetiſchen Verfahrens überhaupt,
ſo ſind auch hier Ich und Nicht-Ich völlig entgegengeſezt, und von einander unabhängig. Innere Kräfte im
Nicht Ich wirken mit abſoluter Freiheit, erfüllen ihre
Wirkungsſphäre, fallen zufällig in Einem Punkte zu-
ſammen, und ſchlieſſen dadurch gegenſeitig, unbeſcha-
det der Freiheit beider, ſich aus von ihren Wirkungs-
ſphären, oder wie wir jezt wiſſen, aus ihren Räumen. —
Das Ich ſezt als Subſtanz, was es will, theilt gleichſam
den Raum aus an Subſtanzen, wie es will; beſtimmt
ſich ſelbſt durch abſolute Freiheit, was es zu dem im
Raume beſtimmten, was es in ihm zum beſtimmbaren
machen wolle; oder wählt durch Freiheit nach welcher
Richtung es den Raum durchlaufen wolle. Dadurch iſt
aller Zuſammenhang zwiſchen dem Ich und Nicht Ich
G 5 auf-

aufgehoben; beide hängen durch nichts mehr zufammen, als durch den leeren Raum, welcher aber, da er völlig leer, und gar nichts weiter feyn foll, als die Sphäre, in welche das Nicht Ich frei feine Produkte realiter, und das Ich gleichfalls frei feine Produkte, als erdichtete Produkte eines Nicht Ich, idealiter fezt, keins von beiden befchränkt, noch fie an einander knüpft. Das Entgegengefezt feyn, und dies unabhängige Dafeyn des Ich, und des Nicht-Ich ift erklärt, nicht aber die geforderte Harmonie zwifchen beiden. — Den Raum nennt man mit Recht die Form, d. i. die fubjektive Bedingung der Möglichkeit der äuffern Anfchauung. Giebt es nicht noch eine Form der Anfchauung, fo, bleibt die geforderte Harmonie zwifchen der Vorftellung, und dem Dinge, die Beziehung derfelben auf einander, demnach auch fogar ihre Entgegenfetzung durch das Ich, unmöglich. Wir fetzen unfern Weg fort, und werden auf ihm ohne Zweifel diefe Form finden.

VIII).

1). Y und X in allen ihren möglichen Verhältniffen und Beziehungen unter einander, fo auch in ihrem Verhältniffe zu einander im Raume, — beide find Produkte der freien Wirkfamkeit des vom Ich völlig unabhängigen Nicht-Ich. Sie find diefes aber nicht, und find überhaupt gar nicht *für das Ich*, ohne eine eigne freie Wirkfamkeit deffelben von feiner Seite.

2). Diefe Wirkfamkeit beider, des Ich, und Nicht-Ich, mufs Wechfelwirkfamkeit feyn, d. i.

die

die Aeußerungen beider müßen znsammentreffen
in einem Punkte: der abfoluten Synthefis beider
durch die Einbildungskraft. Diefen Vereinigungspunkt *fext* das Ich durch fein abfolutes Vermögen,
und es fezt ihn, als *zufällig*, d. i. *das Zufammentreffen der Wirkfamkeit beider entgegengefezten* ift
zufällig, laut des vorigen §.

3.) So wie eins von beiden Y oder X gefezt werden foll, mufs ein folcher Punkt gefezt werden,
Es wird ein Objekt gefezt, heifst, es wird mit einem folchen Punkte, und vermittelft feiner mit einer Wirkfamkeit des Ich fynthetifch vereinigt.

4). Das Ich fchwebt in Rükficht der Beftimmtheit oder Uubeftimmtheit des Y oder X frei zwifchen entgegengefezten Richtungen, heifst demnach: es hängt lediglich von der Spontaneität des Ich
ab, ob es Y oder X *mit dem Punkte*, und *dadurch
mit dem Ich* fynthetifch vereinigen werde.

5). Diefe fo beftimmte Freiheit des Ich mufs gefezt werden dutch die Einbildungskraft; die *blofse
Möglichkeit* einer Synthefis des Punktes und einer
Wirkfamkeit des Nicht Ich mufs gefezt werden.
Dies ift nur möglich unter der Bedingung, dafs
der *Punkt* von der *Wirkfamkeit des Nicht-Ich* abgefondert gefezt werden könne.

6) Aber ein folcher Punkt ift gar nichts, denn
eine Synthefis der Wirkfamkeit des Ich und Nicht-
Ich; mithin kann von ihm nicht alle Wirkfamkeit

G 4   des

des Nicht-Ich abgefondert werden, ohne dafs er
felbft gänzlich verfchwinde. Demnach wird nur
das beftimmte X davon abgefondert, und dagegen
ein unbeftimmtes Produkt, das a. b. c. u. s. f. feyn
kann, ein Njcht Ich überhaupt, mit ihm fynthetifch vereinigt; das leztere, damit er feinen beftimmten Charakter als synthetifcher Punkt behal-
te. (Dafs es so feyn mufs, ift aus fchon oben angeführten Gründen klar. Das Zufammentreffen
des X mit der Wirkfamkeit des Ich, foviel als mit
dem jezt zu unterfuchenden Punkte, follte zufällig feyn, und als folches gefezt werden; das heifst
offenbar foviel als, es foll gefezt werden, als damit zu vereinigend, oder auch nicht, demnach an
feiner Stelle jedes mögliche Nicht Ich).

7). Das Ich foll, laut unfrer ganzen Vorausfetzung den Punkt mit X wirklich fynthetifch vereinigen; denn es foll eine Anfchauung von X vorhanden feyn, welche fchon als folche, als blofse
Anfchauung, ohne diefe Synthefis nicht möglich
ift, laut des vorigen §. Diefe Synthefis nun gefchieht, wie vorher erwiefen worden, mit abfoluter
Spontaneität ohne allen Beftimmungsgrund. Aber
dadurch, dafs X mit dem Punkte vereinigt wird,
wird alles mögliche übrige von ihm ausgefchloffen;
denn er ift der Vereinigungspunkt des Ich mit einer, als Subftanz, als felbftftändig, einfach, und
frei wirkend gefezten Kraft im Nicht Ich; alfo
werden mehrere mögliche Kräfte dadurch ausgefchloffen.

8). Die-

8). Diefes zufammenfetzen foll man wirklich ein Zufammenfetzen feyn, und als folches gefezt werden, d: i. es foll gefchehen durch abfolute Spontaneität des Ich, und das Zeichen derfelben, die *Zufälligkeit*, in keiner der oben angeführten Rükfichten, fondern auch indem die Synthefis wirklich gefchieht, und wirklich alles übrige ausgefchloffen wird, an fich tragen, und mit diefem Zeichen, und Merkmale gefezt werden. Dies ift nicht möglich, auffer durch Entgegenfetzung einer andern nothwendigen Synthefis eines beftimmten Y mit einem Punkte; und zwar nicht mit dem des X, denn von ihm wird durch diefe Synthefis alles andre ausgefchloffen, fondern mit einem *andern entgegengefezten* Punkte. Er heifse der Punkt c, und der mit welchem X vereinigt ift d.

9). Diefer Punkt c ift, was der Punkt d ift — c fynthetifcher Vereinigungspunkt der Wirkfamkeit des Ich, und Nicht-Ich. Aber darin ift er dem Punkte d entgegengefezt, dafs mit dem leztern die Vereinigung betrachtet wird, als abhängig von der Freiheit; alfo, als auch anders feyn könnend; in c aber als nothwendig; fie kann nicht gefezt werden, als anders feyn könnend. (Die fynthetifche Handlung ift gefchloffen, völlig vorbei, und fie fteht nicht mehr in meiner Hand.)

10). Die Zufälligkeit der fynthetifchen Vereinigung mit d mufs gefezt werden, mithin mufs auch die Nothwendigkeit der Vereinigung mit c gefezt werden. Es müffen demnach beide in diefer Be-

zie-

ziehung gefezt werden, als nothwendig, und zufällig in Rükſicht auf einander. Wenn die ſynthetiſche Vereinigung mit d geſezt werden ſoll, ſo
muſs die mit c als geſchehen geſezt werden; nicht
aber wird umgekehrt, wenn die mit c geſezt wird,
die mit d als geſchehen geſezt.

11). Nun ſoll die Syntheſis mit d geſchehen, laut
Poſtulats; wird ſie als ſolche geſezt, ſo wird ſie
nothwendig geſezt als *abhängig*, bedingt durch die
Syntheſis mit c. Nicht aber iſt umgekehrt c bedingt durch d.

12) Nun ſoll ferner die Syntheſis mit c gerade
das ſeyn, was die mit d iſt, eine willkührliche zufällige Syntheſis. Wird ſie als ſolche geſezt, ſo
muſs ihr wieder eine andre mit b als nothwendig
entgegengeſezt werden, von welcher ſie abhängig,
und durch ſie bedingt iſt, nicht aber umgekehrt
dieſe durch ſie. Ferner iſt b das gleiche, was c
und d iſt, eine zufällige Syntheſis; und inwiefern
ſie als ſolche geſezt wird, wird ihr eine andre
nothwendige mit a entgegengeſezt, zu welcher ſie
ſich gerade ſo verhält, wie ſich zu ihr c und zu
c d verhält; und ſo ins unendliche hinaus. Und
ſo bekommen wir eine Reihe Punkte, als ſynthetiſche Vereinigungspunkte einer Wirkſamkeit des
Ich, und des Nicht Ich in der Anſchauung, wo
jeder von einem beſtimmten andern abhängig iſt,
der umgekehrt von ihm nicht wieder abhängt,
und jeder einen beſtimmten andern hat, der von
ihm

ihm abhängig ift, ohne dafs er felbft hinwiederum
von ihm abhänge; kurz eine *Zeit-Reihe*.

13.) Das Ich fezte fich, nach obiger Erörterung,
als völlig frei, mit dem Punkte zu vereinigen,
was es nur wollte; alfo das gefammte unendliche
Nicht-Ich. Der fo beftimmte Punkt ift nur zufällig, und nicht nothwendig; nur abhängig, ohne
einen andern zu haben der von ihm abhängt, und
heifst der *gegenwärtige*.

14). Demnach find, wenn von der fynthetifchen
Vereinigung eines beftimmten Punktes mit dem
Objekte, mithin von der gefammten Wirkfamkeit
des Ich, die nur durch diefen Punkt mit dem Nicht-
Ich vereinigt ift, abftrahirt wird, die Dinge, an
fich, und unabhängig von dem Ich betrachtet, zu-
gleich (d. i. fynthetifch vereinbar mit einem und
eben demfelben Punkte) im Raume; aber fie können nur *nach einander*, in einer fuccesfiven Reihe,
deren jegliches Glied von einem andern abhängig
ift, ohne dafs daffelbe von ihm abhänge, wahrgenommen werden in der Zeit.

Wir machen hierbei noch folgende Bemerkungen:

a). Es ift für uns überhaupt gar keine *Vergan-
genheit*, als inwiefern fie in der *Gegenwart* gedacht
wird. Was geftern war, (man mufs fich wohl trans-
fcendent ausdrücken, um fich überhaupt ausdrücken
zu können) *ift nicht*; es ift lediglich, inwiefern
ich im gegenwärtigen Augenblic e denke, *dafs es*
geftern war. Die Frage: ift denn nicht wirklich
eine

eine Zeit vergangen, ift mit der; giebt et denn
ein Ding an fich, oder nicht, völlig gleichartig.
Es iß allerdings eine Zeit vergangen, wenn ihr
eine fetzet, als vergangen; und wenn ihr jene Frage
aufwerft, fetzet ihr eine vergangne Zeit; wenn ihr
fie nicht fetzet, werft ihr jene Frage nicht auf,
und es ift sodann keine Zeit für euch vergangen. —
Eine fehr greifliche Bemerkung, welche schon
längft zu den richtigen Vorftellungen über die Idealität der Zeit hätte führen sollen.

b). Aber es ift für uns nothwendig eine Vergan-
genheit, denn nur unter Bedingung derfelben ift
eine Gegenwart, und nur unter Bedingung einer
Gegenwart ein Bewußtfeyn möglich. Wir wieder-
holen im Zufammenhange den Beweis des leztern,
welcher eben in diesem §. geführt werden sollte. —
Bewußtfeyn ift nur möglich unter der Bedingung,
dafs das Ich ein Nicht Ich fich entgegenfetze; dieses Entgegensetzen begreiflicher Weise nur unter
der Bedingung, dafs es seine ideale Thätigkeit auf
das Nicht Ich richte. Diefe Thätigkeit ift die fei-
nige, und nicht die des Nicht-Ich, lediglich inwiefern fie frei ift, inwiefern fie demnach auf jedes andre Objekt gehen könnte, als auf diefes. So
mufs fie gefezt werden, wenn ein Bewußtfeyn möglich feyn foll, und fo wird fie gesezt, und das ift
der Charakter des gegenwärtigen Moments, dafs
auch jede andre Wahrnehmung in ihn fallen könnte. Dies ift nur möglich unter Bedingung eines
andern Moments, in den keine andre Wahrnehmung gefezt werden kann, als diejenige, welche

in

in ihn gefezt ift; und das ift der Chärakter des vergangnen Moments. Das Bewußtfeyn ift alfo nothwendig Bewußtfeyn der Freiheit, und der Identität; das leztere darum, weil jeder Moment, fo gewifs er ein Moment feyn foll, an einen andern geknüpft werden mufs. Die Wahrnehmung B ift keine Wahrnehmung, wenn nicht eine andere A deffelben Subjekts vorausgefezt wird. Möge jezt A immer verfchwinden; foll das Ich zur Wahrnehmung C fortgehen, fo mufs wenigftens B als Bedingung derfelben gefezt werden; und fo in's unendliche fort. An diefer Regel hängt die Identität des Bewußtfeyns, für welche, der Strenge nach, wir immer nur zweier Momente bedürfen. — Es giebt gar keinen erften Moment des Bewußtfeyns, fondern nur einen zweiten.

c). Allerdings kann der vergangne Moment, und jeder mögliche vergangne Moment wieder zum Bewußtfeyn erhoben, repraefentirt oder vergegenwärtiget, gefezt werden, als in *dem/elben* Subjekte vorgekommen, wenn darauf reflektirt wird, dafs in ihn doch auch eine andre Wahrnehmung *hätte fallen können*. Dann wird demfelben wieder ein andrer ihm vorhergehender entgegengefezt, in welchen, *wenn* in den leztern einmal eine gewiffe beftimmte Wahrnehmung gefezt werden foll, keine andre fallen konnte, als die, welche in ihn gefallen ift. Daher kommt es, dafs wir immer, foweit wir nur wollen, ja in's unbedingte, und unendliche hinaus, zurükgehen können.

d). Ei-

108

d). Eine beſtimmte Quantität des Raums iſt immer *zugleich*; eine Quantität der Zeit immer *nach einander*. Daher können wir das eine nur durch das andre meſſen; den Raum durch die Zeit, die man braucht, um ihn zu durchlaufen; die Zeit durch den Raum, den wir, oder irgend ein regelmäſsig ſich fortbewegender Körper (die Sonne, der Zeiger an der Uhr, der Pendul) in ihr durchlaufen kann.

Schluſs-Anmerkung.

Kant geht in der Kritik d. r. Vft. von dem Reflexionspunkte aus, auf welchem Zeit, Raum, und ein Mannigfaltiges der Anſchauung gegeben, in dem Ich, und für das Ich ſchon vorhanden ſind. Wir haben dieſelben jetzt a priori deducirt, und nun ſind ſie im Ich vorhanden. Das Eigenthümliche der Wiſſenſchaftslehre in Rükſicht der Theorie iſt daher aufgeſtellt, und wir ſetzen unſern Leſer vor jetzo gerade bei demjenigen Punkte nieder, wo *Kant* ihn aufnimmt.

Folgende Drukfehler bittet man zu verbeſſern.

S. 11. Z. 11. v. u. ſoll in *empfunden*, *emp.* mit Curſiv, und *funden* mit gemeiner Schrift gedrukt ſeyn.

22 — 13. l. *inwiefern* st. *wofern*

28 — 13. l. *vorkommt* st. vorkommen

  11. v. u. *und* st. *un*

51 — 9. l. *in ihr* st. *ihr in*

32 — leztes Wort *dem* st. *des*

45 — 4. l. *ruhend* st. ruhen

47 — 6. l. *Ich* st. *Nicht-Ich*

63 — 13. l. *auf* st. *auch*

72 — 5. l. *einen* st. *keinen*

76 — 13. l. *den* st. *dem*

79 — 4. v. u. l. *Subſtans* st. *Subſtant*

  3. v. u. l. *Accidens* st. *Accident*

80 — 15. l. beide st. deide

81 — 10. v. u. l. *nichts* st. *nicht*

83 — 9. v. u. l. *iſt* st. *st.*

84 — 7. l. *derjenige* st. *dasjenige*

Die übrigen Drukfehler wird der geneigte Leſer leicht ſelbſt bemerken.